大投机家科斯托拉尼精选集

金钱传奇
科斯托拉尼的投资哲学

Kostolanys Beste Geldgeschichten

[德] 安德烈·科斯托拉尼 著　郑磊 译
（André Kostolany）

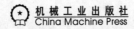
机械工业出版社
China Machine Press

图书在版编目（CIP）数据

金钱传奇：科斯托拉尼的投资哲学 /（德）安德烈·科斯托拉尼著；郑磊译 . —北京：机械工业出版社，2018.4（2024.10 重印）

（大投机家科斯托拉尼精选集）

书名原文：Kostolanys Beste Geldgeschichten

ISBN 978-7-111-59686-8

I. 金… II. ①安… ②郑… III. 科斯托拉尼（Kostolany, Andre 1906-1999）–投资 – 经验 IV. F835.164.8

中国版本图书馆 CIP 数据核字（2018）第 065036 号

北京市版权局著作权合同登记　图字：01-2018-1087 号。

André Kostolany. Kostolanys Beste Geldgeschichten.

© by Ullstein Buchverlage GmbH, Berlin. Published in 2000 by Econ Verlag

Simplified Chinese edition arranged through Andrew Nurnberg Associates.

Simplified Chinese Translation Copyright © 2018 by China Machine Press.

This edition is authorized for sale in the Chinese mainland (excluding Hong Kong SAR, Macao SAR and Taiwan).

No part of this book may be reproduced or transmitted in any form or by any means, electronic or mechanical, including photocopying, recording or any information storage and retrieval system, without permission, in writing, from the publisher.

All rights reserved.

本书中文简体字版由 Ullstein Buchverlage GmbH 通过 Andrew Nurnberg Associates 授权机械工业出版社在中国大陆地区（不包括香港、澳门特别行政区及台湾地区）独家出版发行。未经出版者书面许可，不得以任何方式抄袭、复制或节录本书中的任何部分。

金钱传奇：科斯托拉尼的投资哲学

出版发行：机械工业出版社（北京市西城区百万庄大街 22 号　邮政编码：100037）

责任编辑：孟宪勐

责任校对：李秋荣

印　　刷：北京虎彩文化传播有限公司

版　　次：2024 年 10 月第 1 版第 6 次印刷

开　　本：147mm×210mm　1/32

印　　张：9

书　　号：ISBN 978-7-111-59686-8

定　　价：69.00 元

客服电话：(010) 88361066　68326294

版权所有·侵权必究

封底无防伪标均为盗版

| 前　言 |

作家奈斯特罗伊（Nestroy）曾有一个疑问："航海的腓尼基人发明了货币，但为什么数量这么少？"安德烈·科斯托拉尼从青年时代起便对这种货币缺乏的现状不满，所以他成了"制造货币的人""投机家"。他选择了"世界上最好的职业"。有时我问自己，为什么科斯托拉尼没有就职于中央银行，那可是名副其实的货币制造者。关于这个问题我今天有以下两个答案。中央银行的理念是控制货币流通量；这对科斯托拉尼来说，等于是自我否定，他认为适度的通货膨胀就像是舒适的热水浴。另外，中央银行的职业不可能给予他如此富于变化的生活，也不可能给他的读者带来这些趣味横生、寓意深刻的投资故事。

科斯托拉尼的投资故事使人回想起索兰·阿勒西姆（Scholem Alejchem）笔下的另一部有关梅纳西姆·门德尔（Menachem Mendel）的伟大作品——一个离家出走的人投机赚钱的故事。这位奥德萨倒霉的梅纳西姆与周游世界的金融家安德烈正好相反。这两部作品都将投机和智慧、乐趣糅合在一起。而其他以金钱为题的文学作品则大多缺乏幽默感。索福克勒斯（Sophokles）认为金钱是罪恶的化身；奥维德（Ovid）让他的米达斯热心于点石成金；歌德的《浮士德》充溢着金钱、贪婪和性。

魔法师和心理学家也强调金钱黑暗的一面，腓尼基人最初用矛铸成货币，而当今带有已故者头像的货币，也往往能吸引我们的眼球。

金钱和投机之间，不应该有黑暗和令人不安的关系。艾米尔·左拉在他的小说《金钱》的结尾问道："为什么金钱要对所有由它引起的肮脏事情负责？"货币经济是市场经济的一个重要组成部分，从而最终成为一种秩序，它包含了高级生命的自由。对科斯托拉尼来说，货币经济像空气一样重要。你可以在这本极有趣的书中，看到他是怎样在货币经济浪潮中畅游的。如果科斯托拉尼的敏锐思维被计算机程序取代，那是十分可悲的。如果真是这样，还有什么投资故事可讲呢？

德意志联邦银行前行长　卡尔·奥托·波尔

| 目 录 |

前 言

世界上最好的职业：投机者　　　　1
我也是从小做起的　　　　　　　　5
童年时的交易所经历　　　　　　　9
　　燕麦和足球赛　　　　　　　　10
　　哥哥投机酒椰叶　　　　　　　12
　　"海洋"股票　　　　　　　　　15

内幕交易　　　　　　　　　　　　19
　　来自苏黎世的电话　　　　　　20
　　圣·莫里茨王府饭店　　　　　22
　　"坦农鲍姆"股票　　　　　　　27
　　要相信王子　　　　　　　　　29

天鹅绒上的游戏 33
- 周末投机 34
- 尼基塔国王的做空袭击 40
- 拉涅尔的"乌龙球" 45

"安全的"空间、时间套利交易 49
- 培根 – 玉米 – 套利 50
- 法国国家债券的套保 52
- 邻居家的草坪更绿 53
- 完美的套利者 56

我的大宗商品、黄金、白银的经历 65
- 罗斯福总统毁了我 66
- 黄金走下讲台 69
- 秘密的黄金投机 72
- 白色金属 74
- 永远不会成功的垄断 79

没有永远保值的货币 83
- 第一次世界大战后的外汇交易 84
- 买卖美元不是违法的吗 86
- 失败的法郎之战 87
- 法郎的第二次"马恩河奇迹" 94
- 投机马克 98
- 挺住！瑞士法郎 103

  解剖货币贬值之道 106
  金制翅膀 110
  货币小常识 113
  监狱还是绿林 115
  期权给我的教训 117

开动脑筋：科斯托拉尼的股市测试题 121
  问题 122
  答案与分析 128
  评论 137

借贷投机 139
  我的亲身经历 140
  一小时内失去一切 144
  通货膨胀是国家的明智行为 148
  投机的力量 152

控制债务 157
  所谓的债务危机 158
  科瓦茨式的破产还是萨博式的破产 164
  一位有头脑的律师 165
  是主人，还是奴仆 167
  大众心理学：解开股市之谜的钥匙 168
  科斯托拉尼的"鸡蛋" 173
  穷人中的富翁和克洛格的悲剧 177

股市大观园 187

两个特殊样本：维克多·里昂和古斯塔夫·豪夫曼 188
自吹自擂的人 194
不靠谱的大师 198
个人事业中的三份资料 200
神经脆弱的钢铁商人 203

怎样获得重要的情报 207

最高明的炒股技巧 208
3¾%门德尔松债券 210

形而上学的思考 215

我的股市晴雨计 216
匈牙利的皮提亚 218

股市、爱和激情 221

逝去的爱 222
特殊搭档 230
女人与股市 233
"加冕街辛迪加"股票和爱闲聊的母亲 237
艾居鸡尾酒还是国饮 240

我对美国和美元的痴迷 245

实体经济第一 246

蟋蟀和蚂蚁	249
美元卷土重来	254
股票经纪人的过去和现在	256
华尔街的庆典	260
结束语	266

译后记   269

世界上最好的职业:投机者

投机不属于普通职业,更不能保证你肯定会取得成就,但它是一个健康的职业。每个人都知道,对于人类身体状态来说,脑力劳动是必不可少的。所以老人们喜欢填字游戏、下象棋或者打扑克牌,因为这类活动需要不断地动脑筋。投机也是一种这样的思维训练,是一种体育运动,很有趣。

对一个真正的投机者来说,重要的不仅仅是享受赢钱的愉悦,还要显示他赢得在理。另外投机者这个职业和记者类似,都是分析一件事情并得出最终结论——记者写出他的观点,投机者用行动说话。当然,两者存在着重大的区别:记者分析错了,还可以继续做记者;投机者看错了,就得马上改行。

投机者,多么高贵的职业啊!他不需要在公众场合抛头露面,不必待在到处是灰尘的车间里,被粗活弄脏手;他可以不屑于和商人或交易员做那些无聊的辩论。投机者生活得像哲学家一样,尽管他只是一个业余哲学家。

投机者一边抽着雪茄烟,一边将尘世喧嚣抛之脑后。赫拉斯说:"远离工作的人是幸福的。"投机者总是随身带着他的装备:一部电话、一台收音机,也许还有一份报纸。但他从不像奴隶一样死盯着每一个字,他懂得欣赏字里行间透出的韵味。没有人是他的老板,他也没有雇员,也不需要像银行家和经纪人那样,不得不忍受一些神经兮兮的客户。他是一个高贵的人!

这个高贵的人可以随心所欲地支配自己和自己的时间。并不奇怪,许多人羡慕他、效仿他。有个问题我不知听了多少遍:怎样成为一名成功的投机者?

他的思考永不间断,甚至在睡眠中他也要与自己讨论:"我应该买,应该卖,还是应该观望?"他必须像管风琴演奏员一样全力以赴。他必须预见到事物的结果以及大众的反应。这不是一件简单的事:大众很难预测一件事和股市的结果。而投机者有时像个醉酒者,听到好消息哭,听到坏消息笑。作为投机者要具备什么条件?一位伟大的思想家曾经说:"当人们把一切都遗忘了时,留下的便是文化了。"股市也是如此。如果你能够忘记经济学家关注的预算、汇率、统计数据等无用之物,简单地说,就是所有储存在计算机和布满灰尘的图书馆里的资料,剩下的便是股市知识。什么都不知道,又什么都懂,能听到草木成长的声音而且富有想象力,这是一个理想的投机者应具备的条件。

请不要混淆金融家和投机者这两个概念,他们来自两个不同的世界。金融家总是全身心投入到他的生意中。由于他需要不断地为自己的企业筹集资金，因此他去股票交易所是为了解决资金短缺问题。他的目标当然是做一笔正确的交易。但他所做的交易引发的思考和行动，又会影响股市行情。而投机者喜欢做个旁观者，分析那些并不是由他引起的事件的发展。

是的，我要重复：投机者是一个美好的职业，富于幻想，也充满冒险。他可以用钱生钱（不是挣钱），可以富有，也可能失败，亏损很多，甚至在一夜之间破产。

很久以前在一所大学里，一位求知欲极强的学生曾经问我："您希望您的儿子做投机者吗？"我回答："如果我只有一个儿子，他将成为音乐家；如果有第二个儿子，我将把他培养成画家；第三个儿子将成为作家或记者；而第四个儿子一定要做投机者，因为总要有一个人养活他的三个穷哥哥。"

但是如果这第四个小子听我叔叔——一个自豪的单身汉和投机者的话就糟了。他的理论是：有三种不同的方法输光财产，最快的方法是轮盘赌；最惬意的方法是花在女人身上；最笨的方法是炒股。

我也是从小做起的

我的记忆力肯定很差，尤其是对数字和名称。但我总不会忘记我做的第一笔股票交易，就像唐璜对他的第一次冒险记忆犹新一样。

20世纪20年代末，我在巴黎做了第一笔股票交易。点子是公司打扫办公室的人告诉我的。这是第一笔大交易：用现金以每股400法郎的价格买了两股法国钢铁公司的股票；以保证金方式贷款买了25股英葡矿业莫桑比克公司的股票，价格为每股30法郎。

当时的市场行情真是涨上了天。这就像一条单行道，在通货膨胀的影响下，怎么会有其他结果呢？人们只需今天买明天卖，或者明天买后天卖，就能赚钱。我轻而易举地从这两只股票上赚了一倍。

我想，人们只需有主见并坚信股市是世界上最大的发明之一。从那以后，半个世纪过去了，我依然坚持这种观点，甚至深信不疑，因为我从那时起就一直靠股票交易为生，而且生活得很滋润。对匈牙利人和苏格兰人来说，好生活的标准是不同的。当然我认为股市不仅是资本主义社会的重要发明,它更是一个美好的发明。

我用翻了番的资金又买了 25 股马佐夫公司和 25 股里阿诺索夫公司的股票。其实这两只在巴黎股市交易的苏俄股票不怎么值钱,但在热火朝天的市场上,股票本身有多少价值已无足轻重,重要的是可以炒它。和所有其他的股票一样,这两只股也在上涨。我的资本金又翻了一番。我居然成了一名拥有 200 美元现金(相当于今天①的 3 万马克)的小资本家。

由于取得了完美的成功,我就想去股票交易所现场碰碰运气。我的一位同事承担起了这个神圣责任,把我和我的新爱——股票交易所连接在一起。那情形就像是带着一个年轻人头一次进入"快乐之家"。

然而我当时的第一印象并不很好。我什么都不懂。那里的人们说的是令人费解的行话、古怪的字眼儿、神秘的数字。那里有成百上千的人,岁数有大有小,在电话亭之间来来回回,向手持电话的人耳语一些秘密消息。

他们在和伦敦、阿姆斯特丹及米兰的人通电话,从一个城市买入股票,又在另一个城市卖掉。他们不是根据行情走势做交易,而是赚不同地区间的差价,比如说伦敦和巴黎股市之间的价格差。我不懂这些,我只是听出了一点:每个人都有最好

---

① 作者写作本书的时代。

的主意，每个人都是预言家，至少是个天才。

那一天的我虽然不过是交易所新手，但有一点我不喜欢——那里留给我的印象是，一切都只是虚张声势的欺骗。那些肤浅的建议和分析，既幼稚、愚昧又没有逻辑性。于是我得出了最后结论：如果所有的人都在行情向上时买入，那么我就要正好和他们做相反方向的操作。我从自己的老师那里得知，在行情向下跌时，同样可以做投机。我决定押注行情下跌的股票，通过卖空赚钱，看那些只会吹牛的人赔钱。说到做到，我很快掌握了卖空的技巧。我必须以看跌期权的方式卖出我根本不曾拥有的股票，于是我买了一些下跌的看起来有利可图的小股票。

第一次观察交易所得出的结论决定了我后来几年的命运。也许那只是直觉，或者只是运气，但开启了我一生中业绩卓著的时期。随后的几年是有史以来最艰难的时期，整个资本主义体制命悬一线。从那时起，我们又经历了很多次股市危机，不过都挺了过来。证券投资者也在短时期内痊愈了。

我非常希望年轻人在校读书时就能尝试在交易所做些交易，并了解一些股市投资理念。将来他们和证券打交道时，就会像我们的母亲们做饭、干家务一样得心应手：动手实践是最好的方法。

炒股的人依靠自己的经验、思考和直觉为生。英国人说："我的家就是我的城堡。"而炒股人将其改为："我的鼻子就是我的城堡。"

童年时的交易所经历

燕麦和足球赛

我第一次接触交易所比这还要早 15 年。这次经历给我留下了不愉快的回忆。

我小时候住在布达佩斯，当时正是玩弹子的年龄。在那时的匈牙利日常生活中，粮食交易所很有吸引力。匈牙利是生产面包粉、玉米和燕麦的大国，是欧洲最活跃的市场之一，成交额极高；来自海外的电报以及订单源源不断，为布达佩斯带来了少有的繁荣兴旺。大量交易也为每个人提供了小范围参与投机的机会，这正合性格开朗的匈牙利人的脾气。

每个人都关注粮食，也关注影响粮食行情的一切事物。市场中的最主要因素是天气。不管是破坏收成的干旱，还是增加产量的喜雨，都是老天的魔力。

粮食行情的起伏涨落，就像晴雨计一样，完全根据天气预报而变。尤其是在干旱的夏季，在城里的每家咖啡馆、每一处街角，人们都在急切地盼望积雨云的出现。因为如果不下雨，燕麦的收成可能就凶多吉少了。连军队也焦虑不安，因为那时燕麦扮演的角色就相当于现在汽油在军队里的角色。伴随着这令人痛苦的气候，还有新的担忧，那就是匈牙利国家队和外国队的一场足球比赛。

这关系到每个人都十分重视在体育比赛上的面子。这场期待已久的体育盛事，热度甚至超过了酷暑的闷热。

我特别激动。这是我第一次去球场看真正的足球赛，而且是我最喜欢的叔叔带我去的。

比赛的那天早晨，我跳下床，看天气如何。哎呀！地平线上已布满大片乌云，吹着潮湿的风，天气阴沉，已经隐约可以听到雷声。我和爸爸都非常不安，他也准备去看足球赛。

整个上午，天气越来越糟，我也越发失望。

但我们还是按约好的时间与叔叔碰面。我们想，他也一定和我们一样心情沉重。可是太让人惊讶了！他的眼睛大放光芒，一边幸福而满意地微笑着，一边搓着手，好像他刚刚成功地做成了一件大事似的。平时他从不和我们孩子作对，连开玩笑时也不。"我亲爱的孩子们，多么好的一天啊！你们看，下起了瓢泼大雨，足球赛取消了。"

爸爸和我不知说什么好。足球赛取消！他居然说今天多么好！他的表现真让人无法理解。

他竟然更加无情地继续说道："真是太妙了，雨下得真是太好了！"我真不能相信。他继续说道："你们什么都不懂，雨带来好运气！明天交易所的燕麦就会跌价，我已经等了几个星期了。"

叔叔说得有道理。第二天燕麦价格暴跌，今年的收成有救了。那些做卖空投机的人可以坐收其利，军队也安下心来，所有这一切都以一场足球赛被取消为代价。

这场泡了汤的足球赛要让交易所负责，那天我发誓要找个机会报复。

哥哥投机酒椰叶

一个成功的投机者必须是一位敏锐的政治分析家，同时又是一名训练有素的大众心理学家。因为他同时要解开两个谜：政治事件和公众对此的反应。政治还可以用某种逻辑方法去演绎，而大众的反应却有着完全不同的规则。正如我提到过的，我们这样的经历不知有多少次：战争的爆发会把行情推到顶峰，也可能正好相反——同样的消息，却将股价打入低谷。老的股市格言"在枪炮声中买进，在柔和的小提琴乐曲中卖出"在今天已经过时了，因为股市中人人都知道的东西已算不上格言了。一切都要由股市中的人自己斟酌权衡。

很久以前,在我还是孩子的时候,就有过一次亲身经历:不能跟着当天的消息做投机交易。

1914年初夏的火药味引发了一波投机热潮。人们首先争购那些有可能不再进口到匈牙利的货物,所以外国货价格上涨,人们什么都抢购,各种商品——香草、胡椒、丁香,等等,尤其是酒椰叶,因为酒椰叶在匈牙利酿酒业中的位置不容取代(酒农需要用这种叶子酿酒)。

当时我哥哥在一家大银行实习,专门负责大宗商品的账目。他得到了一个酒椰叶交易暗示,就和几个朋友一起,向银行贷款买了几手酒椰叶期货合约。那时酒椰叶的价格已被炒高了。

酒椰叶最初似乎很走运。战争爆发后,价格青云直上。但是战事进展的消息给年轻投机者上了一课,而且给了他们一个沉痛的教训。奥匈联军闪电般冲向塞尔维亚,同时德国军队已抵达马恩河畔。在东普鲁士,兴登堡将军战胜了俄国人。前线的三场胜利似乎让人们看到战争即将结束的征兆,很快一切将恢复正常。

酒椰叶的行情开始下滑……保证金贷款账号开始亏损,银行要求追加保证金,但口袋里没有一分钱……

从早餐到晚饭,哥哥的脸色越来越难看。上涨一个点能让他松一口气,而下跌三个点会使他陷入更深的绝望。我们都一同经历了这场磨难。前线的消息对我们很重要,而这些消息对酒椰叶行情的影响对我们来说同样重要。当哥哥知道我爸爸对他的求救并不很情愿接受时，他非常害怕。即使妈妈从中调和，也并没有让爸爸大方多少。由于银行催债，我哥哥陷入窘迫困境，甚至想要自杀。我们吓坏了，家中充满了悲剧的恐怖气氛。

最终还是我父亲想办法避免了这场悲剧。他知道我哥哥把这件事当成了自己的尊严，同意给哥哥一笔钱救急。

从那以后，在我们家，大家都避免提到酒椰叶这个词，就像在上过吊的房子里不能提到绳子一样。悲剧没有发生，家庭尊严没有受到损害，但我也没有得到那辆梦寐以求的红色自行车……

这次危险的投机刚结束，马恩河战役就开始了，其他前线也开始遭到反攻。胜利的希望破灭了，战争无情地展开。酒椰叶的行情再次走向顶峰，赢回了它曾失去的一切，但这已为时太晚了……

故事的结局：故事中的人物，我的父母和哥哥已经去世很久了。如今，酒椰叶买卖对我来说显得那么可笑，与国际市场的大宗商品交易相比，显得那么单薄（当时能获得的利润相当于今天在纽约一顿晚餐的花费）。但我至今还能从骨子里感觉到当时的恐惧。它成为我生活中的警告，也是我交易时的警告。

"海洋"股票

所有企业形式，不管是叫有限公司、股份公司，还是公司，都有一个共同的祖先：冒险。

在罗马，经常在金钱、利息方面发表看法的哲学家卡托建议在航海贸易行业成立一个集团组织，这就是股份公司。

"一个人无法航海。如果想把船驶进大海，你们要和其他49位朋友一起尝试。"

"冒险"这个词在今天有贬义，但在17世纪是有非常准确的法律含义：这是一家商业企业，通常是殖民企业，它的建立是为了做一些大胆的贸易和尝试。股份公司的创始人，即股东，官方名字是"冒险家"。这个名称至今还可以在最早的股份公司证书上找到，那是1670年成立的盎格鲁——一家加拿大股份公司。按照传统，主席在每年一度的股东大会上致开幕词："我的冒险家先生们……"这在会议大厅的红木屋顶下听起来异常庄重。

冒险……冒险，这在我们的耳朵里是一个不规矩而且不浪漫的概念。

谁又没有做过自己的，至少是在经济上的冒险呢？

我的冒险（至少第一次冒险）开始于在做拉丁语翻译练习和穿短裤的时代。那时我在布达佩斯上中学。

我的同学们出于对文化的喜爱，隆重成立了"文学与音乐股份公司"。

我被选为账房先生。由于我十分严肃地对待我的职务，所以怀着激情和职业的良知，关注着经济动态。

那时，整个中欧在通货膨胀的狂潮中达到了沸点。一天工作结束后，人们不是去争相欣赏报纸上有趣的漫画，而是关注股市行情。

匈牙利的生活伴随着克朗兑瑞士法郎的行情起伏波动，而克朗直线下跌。

经济全面动荡，瑞士法郎兑换率从今天到明天有可能增长一倍甚至两倍。在这样的环境里，谣言像蘑菇一样从地里滋生出来——有时更像毒蘑菇。

人们向邻居的耳朵里灌输各种各样的消息，而每传一次就会减少一点真实性。谁还没有朋友呢，他朋友的理发师通过银行主任（或类似来源的）的女门卫，准确地得知应该买这种或那种有价证券！

人们必须有极强的定力才能避免让自己对这一切产生兴趣：加入这场盛大的投机舞会，置身这场闹剧中，在不知不觉中就成了富翁。

当然，我们这些孩子也被这种投机冲动所感染。假如我们昨天买了一只股票，而资金第二天就变成了三倍。当然要试一试。

这一想法不停地折磨着我。我根本没指望要一夜暴富,成为百万富翁。我只想能买得起最新版本的百科全书,尽管它价格很高。

有一天早晨,我听父亲打电话说,政府将谈判重新获得1918年停战后失去的船只,船舶业有繁荣的机会。

我会怀疑父亲的建议吗?不,这次一定要行动。

我们的资金是有限的,无法做大买卖。"海洋"股票的价格可以被我们接受,我们选择了它。我们把所有的希望都押在粮食和煤炭装卸业务上,但愿能给我们带来好运。我颤抖着来到银行下了买单。赌博开始了。

几天之后,市场出现恐慌。新任财政部长发动了一场价格战。对生活成本过高的攻击不仅影响了奢侈品行业和医药商业,更影响了股票。

"海洋"股票价格像失控一样跌落。银行很快就要求追加保证金。我到哪儿去弄钱呢?

幸运的是,我有一个善良且通情达理的表姐。经我游说,她为这件事拿出了自己的积蓄。向希望王国的第二次冲击就这样结束了。

价格战只维持了很短的时间。部长先生在这场冒险中失去了理智,退出了政治舞台,被送进了疯人院。他成了人们嘲讽的对象。行情又开始上涨。

"海洋"股回升，我们卖出股票，除了买下10卷渴望已久的布罗克豪斯百科全书，另外还买了一套大英百科全书。

一切进展顺利，在这场美好的交易中，我们忽视了一个小小的误会：在结束了这场与金融世界交手的几天后，我发现"海洋"公司根本不是船舶企业，而是一家鱼罐头生产厂！

这个故事的结论是：我较早学会了这一点，并在后来能够融于实践，如果想在股市上赚钱，并不一定要有最准确的消息。

内幕交易

来自苏黎世的电话

几十年前我的一个老朋友恩斯特·加尔从苏黎世打来电话,他当时是著名的宝盛银行(Julius Bär)的经纪人和股票交易员,他让我一定买"圣·莫里茨纸业"股票。"为什么?""这无关紧要,它会涨的!"他激动地告诉我。我的好朋友虽然不能做出解释,但对此坚定不移。这时只能依靠信任,我想,一不做二不休,我以每股 162 瑞士法郎的价格买进了"圣·莫里茨纸业"股票。

在放下听筒的一瞬间,我忽然想起,卡佩尔造纸厂(圣·莫里茨纸业的唯一工厂)总裁——乔治·厄海耶先生是我的熟人,他曾担任南方航空总裁,卡拉维勒创始人,后来担任过 SIMCA 总裁和前克莱斯勒的副总裁。

对于我的问题——怎样看这只股票,他的回答是低调的:"苏黎世交易所的这个价格虚高,账面价值不到 40 瑞士法郎,不会派发红利。投机者把行情炒得这么高，根本没有根据。苏黎世的人疯了，这个价格不值得买。"

他强硬口气促使我仔细考察这件事，得出的结论的确是：价格过高，总裁讲得有道理。但我相信：股市没有极限。我做了安排。

我焦急地等待着第二天的到来，我要给宝盛银行的朋友打电话。"你真是个胆小鬼，不多买一些，"电话那边传来声音，"今天'圣·莫里茨纸业'已涨到了165瑞士法郎。"

能教训一位银行家让我觉得十分有意思，尽管他是我的好朋友。我向他逐字重复了厄海耶总裁告诉我的信息和我的看法。从电话线的那一边传来了忧虑的声音："科斯托拉尼先生，我们现在该怎么办，卖出吗？"

"我们该怎么办？请你再继续为我购买'圣·莫里茨纸业'。"接下来的是长久的沉默。我仿佛看到我的朋友像一个沉闷的大问号一样站在我面前。我补充道："我只是让你看看，我是怎样对待专业分析和内幕消息的，即使消息来自公司总裁。"

第二天，在朋友们定期的聚会上，我向他们讲述了这一大胆的决定，他们可以作证，然后我就把它忘了。几个月之后，我在《纽约时报》上读到了关于"圣·莫里茨纸业"股票的消息，它从1200瑞士法郎上涨到了1400瑞士法郎。我给苏黎世的朋友打电话，高兴地卖掉了我所有的"圣·莫里茨纸业"股票。

当他在电话里告诉我已成交时,我开玩笑地问他:"亲爱的加尔先生,我的主意怎么样?"这位苏黎世的朋友十分不悦地回答:"什么啊,那是我的主意!"(他讲得有道理。)

"圣·莫里茨纸业"股票后来又升了一些,然后便从股市上消失了。英国公司波瓦特高价收购了该公司。不久前我和厄海耶总裁谈到这段往事,我们开心地笑了。今天他也知道了当时不可能知道的事:波瓦特公司的秘密兼并计划。他当时的分析是完全正确的。但是分析归分析,最终还是交易所掌控话语权。股市不是科学,而是艺术。像绘画一样,股票交易必须具有超现实主义色彩,尽管有时会脑袋朝下腿朝上。不正是这类作品得到了很多人的赏识吗?我购买"圣·莫里茨纸业"股票时,正是因为听到了那条坏消息。

我经常回想起这段有趣的冒险。我看到分析家们是以什么样的科学严谨态度在工作。人们在电脑上做分析,画出曲线图,又做加减乘除,以预见未来股票的发展变化。

然而,一切都出乎预料。

圣·莫里茨王府饭店

每到一个城市,我的第一个消息来源是出租车司机。在途中我问他挣多少钱,生活费要花去多少,物价有多高,他对内政及外交的观点,他对国际大事的反应,等等。全天如此,我会问我遇到的不同的人。

关于每天的新闻,我早上 7:00 开始收听广播。我收听从各国传来的消息,因为各国会从自己的角度评述每个事件。报纸在此就不特别提了。在读报时,我能立刻发现重要新闻。我对报纸上的新闻比对行情更感兴趣,因为正如人们所说,行情已成为过去,而新闻有可能成为明天的行情。

毋庸置疑,股市上的"消息灵通"经常是"毁灭"的代名词。20 世纪 30 年代初,我也有过这种经历。那年冬天,我正好住在圣·莫里茨王府饭店。那时的圣·莫里茨王府饭店是豪华和富有的象征。这家拥有大堂、酒吧和烧烤炉的饭店扮演着重要的角色。这里是国际金融巨头、花花公子以及知名人士的聚集地。

读者会问我,在这高雅的圈子里做什么。那是我学习的年代,我学会了大都市的生活方式,赢得了至今还很有用处的生活经验。这个小小的、多彩的世界就像去年的雪一样消失了。当我今天走过王府饭店的大堂时,往事仍记忆犹新。在大厅的一角我看到过汽车大王安德烈·雪铁龙,那还是在他破产以前。在另一张桌子旁,我看到过亨利·迪特丁男爵,荷兰皇家壳牌石油集团的总裁。在他旁边,竞争对手——沃尔特 C. 帝勒,美国标准石油的董事长,正在享用晚餐。两位石油巨头每年都要在这里会面讨论一些问题：价格、市场、石油。就像今天石油富翁在欧佩克大会上一样。在距离他们两步远的地方，我看到过世界著名画家凡·东根（Kees Van Dongen）和查理·卓别林。当然我的同乡阿帕·普莱什博士，出色的投机者和黄金债券专家，也从不会缺席。在另外一边，那同一把靠背椅上，总是坐着沉思中的弗里茨·曼海姆博士。他是那个时期最有影响力的银行家，出生于斯图加特，是阿姆斯特丹门德尔松银行集团的总裁。第一次世界大战后，他在阿姆斯特丹以交易外汇起家。当时他是德国帝国银行的代表，负责干预并支持德国马克的汇率。他的工作成绩很大，不是对帝国银行，而是对他自己。马克跌到零，而曼海姆博士却积蓄了一笔财富。他用挣来的钱成立了柏林门德尔松集团公司的分公司，后来也担任过法国和比利时政府的银行顾问。作为当时重要金融中心阿姆斯特丹的无冕之王，他自然给我留下了最深的印象。他矮小、敦实、傲慢，深知自己的权力和影响力。

我以私人侦探的视角观看着王府饭店的这台戏，分析那些台上人物的姿态、心理。我很想听到他们在说什么，肯定不会是在谈论天气！

有一次奇怪的巧合，让我的好奇心得到了满足。一天晚上，酒店服务员敲我房间的门，送给我一份电报。我立即打开。里面的内容说的是在世界各地购买了几千股荷兰皇家壳牌石油公司股票的交易（价值相当于好几百万荷兰盾）。

我不明白这是怎么回事，又翻到电报的背面。这时才看见，收件人写的是曼海姆博士。这样的错误居然发生在王府饭店！我的房间是在背阳的那一侧，正对着曼海姆博士朝向阳面的豪华套间。直到今天我还能感觉到我当时的惊讶程度，我忽然间知道了巨头们的秘密。几天之前，我看到了亨利男爵和曼海姆博士在一边谈话。我当时想，他们一定是在打皇家壳牌石油股票的主意。看来我的判断没错。

我叫来服务员，把电报原封不动地还给了他，试着将我纷乱的思路理出一个头绪来。我当时做的是卖空投机（这让我成了王府饭店的客人），出于经济上和政治上的原因，我对做多头的建议并不看好也不接受，当时正值股市大跌。但是这条魔幻般巧合地传到我这儿的消息，不会在我的生活中出现第二次！这个机会一定要抓住。我真的买入了荷兰皇家壳牌石油股，而从那一刻起，股价开始下跌——跌到我买入价格的1/3。我失去了投入的全部资金。

我一直不知道他们两个在王府饭店大厅里说的是什么。我只知道阿姆斯特丹的门德尔松公司在1939年由于丑闻破产，曼海姆博士在股票交易账上负债累累。从我的经历中我得到了两条结论：伟大的金融家也可能是一名糟糕的投机者；即便在冬季进行体育锻炼，也能得到股票交易的经验教训。

我的知心朋友阿德里安·佩克尔在一次午餐时告诉我，他曾经与世界上最大的石油公司之一的法国石油公司董事长做过一次长谈。董事长向他确认，法国石油公司的股价（当时为每股1万法郎）被炒得过高了。我当时手里还有一大批这只股票。我焦急地等待着第二天的到来，以便把它们全部抛售。听起来像是玩笑，在我把它们卖出之后的一个月里，这只股票像火箭一样蹿升到了每股6万法郎。那可是内部消息啊！

我想，董事长的消息很符合实际情况。只是我多次重复说过：内部的知情人不一定知道他们自己的股票在市场上的行情。

当然也有一些时候，金融家们会故意散布一些误导性的消息。下面的故事就是一个例子。

法国有一家知名度很高的金融财团L集团，它负责审查在巴黎上市的一些公司。该财团的董事长有一次语重心长地对我说，长远来看，他对哈金森股票很乐观。该公司将进行重组，补充新的资本……但是，他补充说，现在还不要买，他会在适当的时机提醒我。

在证券交易所我向我的经纪人打听这只股票在市场上的行情，得到的答案是：该股在过去的时间里从每股250法郎跌到了60法郎，没有人留意这只股票，市场上只有一个买主——L集团。它在趁低价收购。

奇怪，我想，真奇怪，那个金融家建议我暂时先不买这只股票。正因为如此，根据多年的经验，我立即购进该股。几天之后，股票开始上涨，股价先是涨到 300 法郎，甚至到了 400 法郎，这时该公司被另一家公司收购了。我的内部消息是：在他没有给我信号之前不要买，那还为时过早，而在这期间，该财团却自己买入；在他提醒我买入时，股价已涨到了 300 法郎。大家自己可以评判这位内部知情人如何。

"坦农鲍姆"股票

准确的消息在股票交易中的作用，可以从下面这段有趣的故事中学到。

那是战争时期的纽约。有一天我的一个熟人十分激动地从一家股票交易所给我打来电话。她已在这家交易所泡了好几天，希望能抓到一只好股票，赚了钱买一件貂皮大衣或手镯。几年来她经常征求我的意见。

令我惊奇的是她这回什么也没问。相反，她有一个"好建议"给我。她非常兴奋地告诉我，她得到了一个极佳的情报。在第五大街的一家经纪商豪华的办公室里，她碰巧（我想肯定是有预谋地）听到了两个重要金融界人士的谈话。谈话内容涉及某只名叫"坦农鲍姆"的股票。她从谈话中听出，这家企业已度过了危机，C 教授判断该公司会逐步康复，两位先生对下几周事态的发展持乐观态度。

这位女士请求我，在我的交易所为她买入这只股票。她不想将买单交给她的股票经纪人。（她就是在他的办公室里偷听到这次谈话的。如果有人发现她偷听了私人对话，她会很不好意思的。）另外她坚持要我也从这条内部消息中获益。

我愿意满足她的要求，但我在《纽约时报》和《华尔街日报》上找不到这只股票。终于，在股友的帮助下我在一份登有不知名股票的册子上发现了一家公司的股票，但它不叫坦农鲍姆，而叫"坦农堡公司"，是生产某种军用小零件的。它的价格从过去的30美元慢慢降到了5美元。该公司大概遇到了一些困难而现在到了转折点，会慢慢从危机中恢复过来。

这种周期循环对投机者来说总是很有意思的。那两位窃窃私语的金融家所谈论的肯定是这一内容。我把这一切都向我的熟人做了汇报，她现在坚信，自己肯定是听错了，那不是坦农鲍姆，而是坦农堡。⊖她再次重复了她的愿望，购买坦农堡股票。

我为她下了订单，但还是持怀疑态度。以前我提到过，最准确的内部消息在某些情况下肯定是坏事，而我则偏偏要做一些与专家建议相反的决定。我没花一分钱买这只股票。可惜呀！几个星期之后这只股票涨到了30美元，我气得差点病倒。而我的熟人则大获全胜，新貂皮大衣有着落了。她请我吃大餐，

⊖ 这两个词的发音很相似。——译者注

并责怪我不重视她来自这么好的渠道的消息。但是我能说什么呢？要么有准则，要么没有。

不过我对这家坦农堡公司很好奇。在长期观察之后我得到的是什么呢？一场真正的喜剧。我的熟人完全听对了那次谈话。谈话内容的确不是坦农堡，而是坦农鲍姆，不过不是股票，而是约瑟夫 L. 坦农鲍姆先生。这位老先生病得很重，几个星期以来一直徘徊在生死边缘。那次低声的谈话是在谈论他的身体健康状况，他是度过了危机的人，C 教授所说的恢复健康指的也是他。

坦农鲍姆先生的病持续了几个月，虽然教授态度乐观，但他还是去世了。我没能利用这条错误的消息实在令我气愤。假如我知道那是一场了不起的误会的话，我肯定会接受这条错误的建议的。对我来说每个专家的建议都是错误的，而错误的"错误的"建议则是正确的……负负得正。

要相信王子

有人问过我：有没有可靠的内幕投机交易。对此我可以讲两个故事。

我年轻的时候为一家公司工作。客户中有一位是宾根，原日内瓦的银行家、法国杰出汽车商安德烈·雪铁龙的岳父。他通过我们不断买入雪铁龙的股票。该股涨得很慢，但肯定会上升。谁能比宾根先生更了解雪铁龙股票呢？我斗胆在我经济实力允许的范围内在雪铁龙上做了一笔小小的投资。几乎难以置信，虽然雪铁龙在 6 个月前还付了 50 法郎的红利，而 6 个月后便破产了，破产后一分钱都付不起。

这不是内部消息，但也相差不大。公司破产，安德烈·雪铁龙在穷困潦倒中离开人世。后来人们知道，那不是企业本身和产品质量的问题，他们制造的汽车至今还是世界上最优秀的汽车之一。问题出在安德烈·雪铁龙的性格上。他是法国最有天赋的企业家之一，有想象力、乐观，经营中善用贷款。只可惜他选错了债权人。（我经常想，债务人找到一个好的债权人，往往比债权人找到一个好的债务人更重要。）雪铁龙也是一个爱玩掷骰子游戏的人，周末到杜威尔去赌博。当两家发放贷款给他的银行得知此事后，立即终止了贷款，引发了这家优秀企业的灭顶之灾。

宾根先生不可能预见这一切，他一直非常佩服和欣赏他的女婿。那我又怎么能预见这些呢？我只得承受这一大笔损失。

我在 70 年的交易所生涯中，按照内部消息投机只受益两次，按照和内部消息正相反的方向操作，也受益了两次，而由于内部消息损失惨重的次数多得无法统计。

从内部消息中受益的一次，更准确地说，多亏得到了这条消息，我得以避免了一场大损失。第二次世界大战时，我在纽约，对欧洲政府的债券很感兴趣，尤其是对那些被德军占领的债务国的债券感兴趣。

在纽约交易所交易的丹麦王国的债券也是这种情况，债息已经付了，但到期的债务能否偿还仍是未知数。丹麦政府的问题是"付还是不付"。这只利息为6%的证券，在交易所交易价格只有面值的60%，兑付日是在6个月后。这一反常的贴现对于这种质量的债券是不可想象的，再加上债务国丹麦在美国银行拥有大笔美元存款，就更加难以理解为何价格如此之低。

我已经以30：40的价格买了一小部分该债券，现在行情慢慢涨到了60：70，如果能在几个月后得到100%兑付，我现在为什么要卖掉它呢？金融世界里什么事情都会发生，投机者的胃口是无底洞。

我有一个邻居叫热内·波旁帕尔马（不久前去世的齐塔女皇的哥哥），他是丹麦国王的女婿。我向他提了一个建议，当然要付给他可观的报酬，他欣然同意去华盛顿拜访他的熟人——丹麦大使，向他打听丹麦政府会不会在1941年12月1日兑付这些让人疑虑重重的债券。王子准时按照事先约定的日期和钟点，从华盛顿给我打来电话（准时是皇家的礼貌）："不会兑付债券！"虽然丹麦没破产，丹麦人在美国有足够的美元兑付他们的债券，但那样就会花去所有的积蓄，以至于无力偿付目前还在流通的、日后到期的债券的利息。这种债券的 6% 利息还将继续被偿付，但不兑付本金。

现在我可以以很好的价格抛售我的丹麦债券，因为在到期前的一个月，价格不停地上涨，甚至达到了 90。于是我鼓起勇气全部抛出。出乎意料的是，行情仍居高不下，我甚至开始有点怀疑王子了。但是没过多久，一天早晨，《纽约时报》宣布了一条消息："丹麦政府怀着沉重心情，万分抱歉地通知她的所有债券持有者……"剩下的全部是我已从王子那里得知的消息了。债券下跌了 40%——内部消息带来了成就。

从那以后，我不敢再相信大卫王在圣歌 143 第三段所唱的："你们不要相信王子！"

天鹅绒上的游戏

周末投机

最有把握获胜的知情人投机,是所谓的天鹅绒上的游戏。这里说的是:知情人处在关键的社会地位上,并能同时对(他所希望的)事态产生决定性的影响。为此我用3个典型的历史事件作为例子。

每年有52个周末,每个周末各不相同。每个人在周末的活动也不同:有的人打高尔夫,有的人滑雪,还有的人在自家花园里找到了乐趣。也有一些人在周末工作,他们对两天假日后可能发生的政治,特别是金融事件做投机。

如果一个政府决定发起一次大的金融行动,比如货币贬值,那么它肯定会把时机选择在周末的48小时,那正是商人、金融家、银行家懒散地休息的时间。有一段时期,周末投机者尤其活跃。他们在周五的晚上做空某种货币(还不曾拥有的),交割日期是下周二,而希望能在周一贬值后廉价买进。

如果投机不成功，他们只会损失一点手续费。这对他们来说不算什么，他们把希望押注在大生意上：货币 30%～40% 的升值或贬值能够带来巨大的利润，投入的金额也很高。如果事与愿违，那么这点小小的损失与可能获得的利润相比实在微不足道。他们反复地做周末投机，有时成功，有时完全错误。短短的周末期间会发生多少事，我想用一个我也多少有幸参与过的事例来说明。

1931 年 9 月 19 日到 21 日，这个周末是金融史上的一个里程碑。在这个周末，英国政府向它的臣民宣布，大不列颠将放弃金本位制。这个决定造成英镑在全球金融市场下跌了 40%，很多错误估计形势的外汇交易商成了最大的输家。

几个月以来，他们一直在炒作西班牙比塞塔。西班牙一直动荡不安，也许 5 年后会发展成左翼党与弗朗哥政权之间的血淋淋内战。比塞塔下跌似乎是不可避免的，至少投机者和外汇专家都这样认为。

那么，如果想做一种货币的卖空投机的话，就必须以期货方式把它抛售，买进另一种货币。（当然人们是在做另一种货币的多头投机。在我们这个例子里，另一种货币与比塞塔相比应该升值。）投机者坚信比塞塔会很快贬值。他们用比塞塔大批买入英镑。而上帝是怎么安排的呢？他把矛头倒了过来。比塞塔的末日还需要再等几年，而英镑却一夜之间失去了价值。抛开英国政府这一决定在世界史上的意义不谈,它对投机者是一个彻底的打击。他们的损失太大了,很多投机商倒闭了。

有一个人却在偷偷地笑。他在这场英镑的灾难中奠定了他财富的基石。这个人就是皮埃尔·赖伐尔先生,法国总理(他后来在1940年跟德国占领军合作,在战后作为叛国贼被枪决)。皮埃尔·赖伐尔是怎样做的呢?

在20世纪30年代美国金融危机期间,流入欧洲的美元越来越少以至全部停止。那些经济实力被削弱的国家尤其缺少美元。欧洲的贸易失去了它最大的客户——美国。美国的银行已没有足够的实力在经济上支援欧洲,美国人的购买力也减弱了很多。

这种局面当然让英国的处境尤为艰难。英格兰银行的外汇收入直线下降,那句著名的格言"像英格兰银行一样稳固"也开始慢慢变得苍白。惠特尼大街上的那位老妇人——英国人这样称呼英格兰银行,按照传统保留了一小部分黄金储备。当外汇储备吃紧时,英格兰银行的行长诺曼·蒙塔古亲自向法国银行和美国银行求援,也就是要求一大笔外汇贷款。此时英格兰银行早已左支右绌。与投机比塞塔的人们相反,国际市场正看跌英镑。另外,黄金储备已降到了法定标准线以下。

英格兰银行再次找到法国银行,得到的回答是肯定的。法国人许诺提供帮助,条件是美国人也要参与。法国银行出于对法国出口额的考虑,千方百计地阻止英镑的下跌。但是法国单方面的力量是不够的。

赖伐尔在星期四的晚上就已经知道,美国不同意支持英国。出于这个原因,法国也撤回了它的许诺。结果是显而易见的:英国不可能再继续稳定英镑的汇率,政府宣布将英镑与黄金脱轨,英国货币在世界市场上贬值40%。

在这个周末之前的星期五,赖伐尔只用了几个小时,便在世界各地的交易所中,用假名以期货方式抛售了英镑。这黑色的星期五——英国货币的悲剧,过去了,赖伐尔先生在星期一成了百万富翁,他在这次交易中的盈利超过了100万美元。

英国人也很满足。他们深信:逝去的只是黄金,而不是他们的英镑。总理麦克唐纳甚至坚定不移地宣布:"只要1英镑还等于20先令,英国货币就没有失去它的价值。"许多报纸都以大标题称赞这一举动。一切都会好转,英国终于摆脱了黄金的桎梏。

当然也有一些国民经济学家和其他的专家,尤其是一些法国黄金迷,不持成这个观点。他们把这一举动与拉方丹的寓言相提并论:狐狸吃不着葡萄才说葡萄酸。我对此的回答是:在这个故事里,狐狸有一天会吃到葡萄并体会到葡萄真的是酸的。

雷欧·特洛斯基在他的著作《欧洲和美洲》中，把英镑的贬值当作英国堕落的最佳证明。我的看法恰恰相反。

这确实是货币体系与黄金脱轨的第一步。从那时起，黄金被货币体系拒之门外，成了普通的商品。每个储蓄者，在美国也不例外，那里多年来一直是禁止收藏黄金的。

19世纪80年代初的黄金热之后，人们今天可以观察到与其相反的趋势：世界已从愚蠢的黄金神话中解放出来。虽然俾斯麦不是经济学家，但他也曾对黄金做出如下论述："货币背后的黄金是一条被子，在它的下面躺着两个人，每个人都试图把被子拉向自己一边。"

我这里还可以再加上一条定义，虽然不如俾斯麦的聪明和智慧，但可以对黄金储备做出很好的解释："黄金储备是一件紧身衣，它虽然可以让妇女拥有优美的身材，却限制了她的全部行动自由。"

简而言之，40%的汇率下跌，对那些判断正确的投机者来说意味着巨大的胜利。当然，对那些判断错误、做多英镑的人来说是一场灾难。我知道阿姆斯特丹很多银行不得不因此而宣布破产，比如舒伯格集团（其实是德国公司，设在阿姆斯特丹）。

在这件事上，我得到了特别消息。我的一个痴心于各种投机生意，也包括外汇投机的好朋友，曾经做了70万英镑多头。

他以期货方式用英镑买了荷兰盾，每3个月延长一次，以获取英镑与荷兰盾之间的利息差（那时大约是4%）。这桩生意很像几年来在阿姆斯特丹做的荷兰盾与德国马克之间的交易，也存在很大差价。不过那是后话。

我这位经验丰富、嗅觉灵敏的朋友，在英镑贬值的几天前，就发觉情况不对。正如一个好的投机者应该做的那样，他在1分钟之内决定卖出所有70万英镑。他打了3分钟的电话便把所有的英镑卖给了舒伯格集团。对该集团来说，这是一笔要命的生意。丰富的经验和超常的感觉救了我的朋友。这件事再次证明了被我篡改过的那句名言："我的鼻子是我的城堡。"

虽然我认为，原则上，情报对投机生意没有什么作用，但赖伐尔的投机交易是一个特例。他不仅要掌握最高层的情况和决定，除此之外，他还必须是相关政府的领导人，这种巧合几乎百年不遇。

政府或财政部长的官方解释也会起到误导作用，有时甚至根本就是错误的。1949年9月17日至19日那个周末，英镑再次贬值，而英国议会的斯塔佛·克里普斯在一周前还对英镑可能贬值的传言做了公开辟谣。所以货币贬值的决定对大多数银行家和投机者来说极其突然。谁会想到，英国议会头面人物会如此大张旗鼓地公开宣传他从一开始就知道这是不可能的事呢？但正是因为这次强烈的辟谣，我和少数一些人投机赚了钱。

交易所里的玩世不恭经常会带来红利。

尼基塔国王的做空袭击

正如人们所见，政治和股市是紧密相连的。也并不奇怪，一些掌握政治秘密的人会试图利用这些秘密。

例如，在今天的华盛顿就生活着上百位"联络人"，公司不惜重金聘请他们从某一部门或其他国家机构获取情报。同样，在华盛顿的沙龙、名人聚会的场合，成百上千的股票经纪人会竖起耳朵捕捉官员所说的话。第二天他们跑到交易所，把听到的建议付诸实现。这种小道消息很多，但大多数都有误导性或是错误的。

如果能赚钱，每一种伎俩都是可行的。一种无形的力量驱使着人们去赚钱，而有什么比投机生意更容易盈利呢？尤其是当它不费吹灰之力便可改变命运的时候。

为达到这一目的，每种方法都是允许的：货币操纵、贸易协定、各种法令、国家的以至国际准则、沙龙间谍、美人计，必要时甚至武装冲突。

众所周知，投机生意经常发战争财，但谁会想到，战争是一次投机生意的结果呢？

1912年，在巴尔干半岛发生了下面的故事。那里有截然不同的民族、王国和宗教。最终四个巴尔干国家联合起来，对付他们共同的敌人土耳其。希腊、塞尔维亚、蒙特格鲁和保加利亚这四个天主教国家订立了反对奥斯曼帝国的军事盟约。

1912年的春天充满了火药味。蒙特格鲁这个位于亚得里亚海边，面积只相当于德国一个行省的王国有一位统治者，对他来说股市投机是生存问题，他的国库总是空的。他就是尼基塔国王。

为了给自己的小小开支挣一点零花钱，他用了一种虽不高雅但却十分巧妙的方法。在国与国之间有一种邮政结算法，即国际订单分12个月记账而在年终一起结算。尼基塔国王向世界各地的一些根本不存在的人寄去蒙特格鲁的邮政订单。邮局支付了订单上的数目，逐月把账记在蒙特格鲁国的账号上。尼基塔国王的那些替身坐收其利。当后来账单寄到蒙特格鲁当时的首都采蒂涅时，尼基塔国王通过他的邮电部部长宣布，他无力支付，申请延期清偿。欺骗成功了，连严厉的弗兰茨·约瑟夫皇帝也不得不大方一回，把他陷入困境的盟友欠皇家帝国邮局的账一笔勾销。

在我的青年时代流传着许多关于尼基塔的故事。其中有一个故事尤其令人深思。

一位著名的美国商人和百万富翁游历巴尔干地区并来到了

蒙特格鲁。尼基塔国王设盛宴招待他。

宴会后，国王和他的客人来到皇宫的阳台上，向聚集在皇宫前小广场上的臣民致意。被这一场景（和国王一起站在阳台上被群众欢呼）所感动，美国人从兜里掏出金币撒向群众。他十分得意于这场表演并转向国王，希望得到一个认可的微笑。他向左转，又向右转，但国王从阳台上消失了。

找了几次后他在人群中发现了尼基塔，他正贪婪地抢金币呢。这个小小的故事至少很好地反映了当时的气氛。

为了他的巨大开支，国王运用了其他的伎俩。他开始玩股票。他分别给维也纳的银行家莱茨兄弟、巴黎和伦敦的银行家罗森堡（20世纪30年代做股市学徒时我认识了他）传送关于巴尔干的秘密政治"消息"，以便和他们一起在股市渔利。

1912年9月的一个早晨，维也纳莱茨银行里来了一位尼基塔国王的特使：他的亲生儿子丹尼罗王子。（他是弗兰茨·里尔笔下的维也纳轻歌剧《风流寡妇》主角的原型。）他带来了一条紧要消息。在同一个早晨，另外一个特使把同样的消息带给了巴黎的银行家罗森堡。

"全部卖掉，全部卖空，"国王写道，"与土耳其的战争指日可待。"

罗森堡和莱茨在所有的交易所为国王、自己也为一些好朋友抛售。他们向维也纳、法兰克福、巴黎和伦敦的交易所卖空塞尔维亚、土耳其、保加利亚等的各种息金债券。两位银行家也对俄罗斯的证券做了大笔的卖空投机。当时这种证券正活跃于巴黎和圣彼得堡的交易市场上。

事态最初的发展证明了尼基塔国王的信息。土耳其在边界上集结了军队，巴尔干的四个盟国也在10月1日进行了战时动员。股市以暴跌做出强烈反应。然后法国和俄国缔结了联盟条约。双方达成一致，避免巴尔干地区一切危机的发展。事态还没有恶化到爆发全面战争，那场战争1914年才爆发。

沙皇尼古拉和法兰西共和国总统彭加莱不赞成巴尔干出现任何的边界变动，也否决了有可能会爆发的对"博斯普鲁斯海峡病夫"土耳其的进攻。彭加莱总统亲自为马其顿的改革做担保。人们相信，战争真的过去了。股市又以大幅度上涨做出了反应，尼基塔国王的银行家们感到很不舒服。他们的国王难道错了吗？

彭加莱总统的干预真得让市场又重新抬起头来，并使卖空投机的人们蒙受了巨大损失。罗森堡和莱茨又收到了一份电报，电文是："不要急，继续卖出，尼基塔。"银行家们照办了。他们全线抛售。但是他们还是感到十分不安，尽管国王向他们保证，巴尔干战争会爆发的。

10月18号蒙特格鲁的第一发炮弹射向了库塔里——亚得里亚海边一个土耳其小港口城市。蒙特格鲁无视大国的决定向土耳其宣战了。鉴于盟约的义务，塞尔维亚、希腊和保加利亚被迫参战。

股市开始下跌。俄罗斯、土耳其、塞尔维亚、保加利亚的证券跌入谷底。尼基塔、罗森堡、莱茨及其同僚大获其利。人们也许会提出这样的问题：如果蒙特格鲁的尼基塔没有为了获取股市暴利而下令开炮，巴尔干战争能够避免吗？历史留下了许多疑问，20世纪60年代以来，这些说法一直在流传。

在我家里，这段历史尤其经常地被提起。我不止一次地听妈妈说："巴尔干要是早宣战几个星期，奥斯卡叔叔和他的儿子今天就是百万富翁了。（第一次世界大战前的百万富翁！）"尽管偏偏他们是家族里的穷亲戚。

我叔叔当时是国际投机商。他在所有的交易所做卖空投机，他希望巴尔干战争爆发，为此付出了很大代价。在那些眼看战争就要避免的黑暗的日子里，股价飞速上涨，他必须以巨大的损失偿付他的卖空生意，这毁了他。

教训总是一样的：一个没有忍耐力的投机者虽然有理，但是太晚了。

我故事里的罗森堡，两年之后又成为股市里的主要人物。

1914年第一次世界大战爆发时，人们传说罗森堡做了一大笔法国息金证券的卖空投机。那时的股市自然暴跌，尤其是法国息金证券，罗森堡赚了一大笔钱。

当他在战争爆发后的第一天来到交易所时，被人们投了臭鸡蛋，并挨了骂，因为他是奥匈帝国的公民。他必须马上离开交易所。至于他是否真在法国息金证券上赚了大钱，我至今无法考证。

拉涅尔的"乌龙球"

即便是政府首脑的天鹅绒上也会出现许多漏洞，而人们本来胜券在握的筹码会消失。一位法国首脑就经历了这一切。

也许没有比这更好的例子可以说明在投机生意中，特别是在外汇交易中，即使最新的内部消息也无济于事，甚至可能是危险的。这个例子是法国的一位部长，后来的总统候选人拉涅尔的故事。我现在之所以敢讲这个故事，是因为故事发生距今已有将近40年了。

到今天为止没有人了解这件事的细节。我也是巧合才有机会把不同渠道的零散消息拼凑起来。

我有一个好朋友，他出生在法国，后来却成了成功的墨西哥商人。他促成了法国企业家和墨西哥政府间的许多大生意，与拉涅尔家族的许多公司建立了合作关系。1952年复活节前的一天，我在戛纳的卡尔顿饭店大堂遇到他，他坐到我身边，向我提出了下面这个奇怪的问题："安德烈，您怎么看法国法郎？

它会贬值吗?"

我诧异地反问:"为什么会贬值?我看不到理由。"

"会的,"他回答说,"有很多原因,现在给你讲太麻烦了。但我相信,它会贬值的。"

"我真的不明白为什么。"我坚持己见。

但他很执着并声称法国法郎会在秋季之前贬值。过了很久,我才明白他为何这么自信。由于他和拉涅尔联系密切,并且或许甚至有兴趣参与该集团的股票交易。他的消息很灵通。

长话短说,几天后,在复活节的晚上,在赌场里,他向我走来,用沮丧的口气对我说:"我刚刚得知,墨西哥政府把比索贬值了35%。"他神不守舍,这条消息给了他沉重的打击,我后来才发现原因……

在这期间,约瑟夫·拉涅尔议员是政府的领导人,笼罩在法国的经济困难是政治不稳定的结果。尽管全世界都对这种不稳定不满,但却没有人试图排除它。

20世纪50年代初,拉涅尔议员掌了权,他和他的前任不一样。拉涅尔的家族是法国工业和贸易的最大家族之一,拥有一系列经营良好、运转稳定的企业。也许是出于国家的原因,也许是为了把自己的生意做得更好,他希望法郎贬值,并私下为此而努力。尽管已谣言四起,但这么严厉的措施并不符合当时的国情。不管怎么样,像我朋友这样的消息灵通人士坚信政府的贬值计划。他们这回没有全错。

政府首脑之所以希望货币贬值，是因为他做了法郎的投机生意。他所有的公司都参与了这一令人叫绝的连环计：公司向墨西哥卖出大量货物，包括政府在内，墨西哥的进口商都用比索付账，当时比索是比较坚挺的货币。拉涅尔的公司把这笔收入存进法国银行。这笔比索存款实际上是相当于欠银行的法郎。所以总理阁下及其家族希望法郎贬值是可以理解的，尤其是这笔生意额很大。在法郎上的欠账和墨西哥比索的存款，准确地说，就是等待法郎贬值的外汇卖空投机。

一切进展顺利，直到一个障碍出现，导致美梦破灭。由于财务专家、财政部长爱德华·富尔的单方否决，贬值计划没能够施行。许多年之后他对我解释："我根本没有看到贬值的必要性。"（他当然对那些墨西哥比索存款一无所知，他只知道拉涅尔一直极力倡导贬值。）

后来发生的事就更可悲。墨西哥政府在没有做任何通知和警告的情况下，于1952年复活节前的星期六，闪电般地宣布比索贬值35%。对拉涅尔总理及其家族来说，比索的存款减少了35%，而法郎的欠债却依然如故。要堵的漏洞太大，以至于家族的可观积蓄全部填补进去了。一个政府首脑策划他的家族做自己国家货币的投机生意，这本来是一件万无一失的事啊！

我甚至问自己,这一次我会不会(如果我及时知道拉涅尔在做法郎贬值的投机)禁受不住这个诱惑。虽然我坚持认为所有的内部人建议都是错的,但这建议可不一般啊!

再重复一遍:政治和股市经常携手相连。一些掌握政治秘密的人试图利用这些秘密也并不奇怪。为了赚钱,什么方法都是可行的,除了武装冲突(像尼基塔国王那次)。

"安全的"空间、时间套利交易

培根 – 玉米 – 套利

没有什么比市场调查报告更有说服力了：收入和消费、库存状况等，以无可争辩的逻辑性展示出来，根据这些数据，预测大豆、冻蟹以及猪肉的行情走势，几乎就像儿童游戏一样简单。只是人们容易忘记，一些无法预料的事在股市交易中的作用，往往比最精确的统计数字重要得多。

关于这一点我想讲一段我的亲身经历。培根是盎格鲁 – 撒克逊人早餐中必不可少的食物，1933 年春天，它是股市的焦点。在美国和欧洲，有一支来自芝加哥的股票经纪人大军。他们所有的人都在讲述一个绝妙的建议——他们发现了"百年不遇"的投机机会，并希望他们的客户从中获益。

自古以来，在玉米和培根之间，就存在着一个恒定的相对价格，因为用玉米可以养猪，然后再生产出培根。如果我们设定玉米的价格是 100，那么培根的价格自然就是 120。一直如此。

然而不可思议的是，当时玉米的价格为 90，而培根价格为 130。每一个名副其实的投机者都会抓住这个天赐良机。人们只需在芝加哥的交易所里买入玉米做多头，然后以期货方式卖出培根做空头即可。因为这中间的差价太大了，肯定会在短时期内缩小差距。和很多朋友一样，我也禁不住想要试一试，但事与愿违，命运跟我们开了一个痛苦的玩笑。玉米价格越跌越低，培根价格越升越高。失败是残酷的，也是无法理解的。

这是怎么回事呢？原来是新主人（富兰克林 D. 罗斯福总统）进驻了华盛顿的白宫。他开辟了一个新时代，也是经济的新时代。在那些无数的对生意产生了影响的法规中，有一条命令，是杀掉上百万口猪。这一行动的结果是没有足够多的猪吃玉米，造成玉米价格大跌；同时也没有足够多的喂养好的猪，猪油同样缺乏，其价格直线上升，培根的价格也上升了。

食油加工企业受到了重大打击。几乎完美的投机生意夭折了，因为我们一时忘记了，即使在最保险的交易中，也要考虑到各种因素，尤其要考虑到意外事件。

但是投机者总是在事后才明白。这正是做投机交易所须承受的风险，否则它只是初级的、普通的交易。

法国国家债券的套保

有一些套保交易的原因是两种同一类型的股票的差价过大或者过小。我有时在大套保交易上赚过钱,更多的时候是赔钱。但毋庸置疑,这些交易丰富了我的经验。

这里我想谈谈一次类似的证券交易。那发生在战前的巴黎股票交易所,我的很多同事都参与了那次交易。20世纪30年代,在巴黎有很多人做法国国家债券的投机生意。

大小股票商都在集中精力炒国债,国债行情的涨落和股票一样。那时有不同系列的债券——票息有3%、4%、4.5%的,还有其他一些。

交易者买来卖去,从中获得一点小利。其中的思路很简单:由于所有的债券都一样(同样的债权人、同样的币种、同样的担保),人们只需要计算一下,哪一种债券和其他债券相比价格过低或过高。那是套保交易的天堂:人们购买便宜的债券,而将价格过高的债券卖空,这就叫"套保"。

20世纪30年代末出现了一种非常引人注目的情况:票息4.5%的债券价格为80,票息3%的债券价格为70。相比之下后者的价格过高了。每一个学生都知道这在数学上是无稽之谈。有一点是明确的:要么一种债券价格过高,要么另一种价格过低。

所有的人都不愿放过这个难得的机会。人们必须买入4.5%

的债券并卖空 3% 的债券，即套保。和往常一样，一种会上涨，而另一种会下跌。这个"安全的"的投机又是怎样结束的呢？结局是个巨大的灾难：4.5% 的债券降得更低，到了 70；3% 的债券上涨到不可想象的 90。

事态的发展与这场不成功的投机的初衷一样合乎逻辑。票息为 4.5% 的债券发行量很大，源于不久前的一次兑付，所以还不断发行上市；债息为 3% 的债券是 1825 年法国最早的国债，债券持有者几乎都已过世了。市面上没有该债券流通，那些卖空者只好以越来越高的价格，把它们重新买回来。

损失是惨重的。这桩套保交易看起来如此安全，以至于行家也投入了大笔金额。"万无一失"的套保会以什么结果而告终，这正是一个典型的例子。

股市上精心策划的投机也会失败，原因不在于它包含了一个合乎逻辑的错误，而在于股市技术方面的逻辑，有时会战胜基本数据的逻辑。

即便是最先进的电脑也无法预先算出这样的情况。

邻居家的草坪更绿

一个地方的股票经纪商常常不切实际地想象，国界另一边的同事虽然不比自己聪明，但是消息比自己灵通。我想讲一段第二次世界大战后的故事。

　　法国当时由于外汇紧缺，对外国货币制定了非常严格的规定。法国公民有义务在国家的监督下，把他们的外国证券存到银行里来。只有一些无前途的股票和半死不活的债券，没有被列入必须存入银行的证券名单，因为它们在国外根本卖不出去，从而无法指望它们带来外汇。只有这些二流证券能享受到法规的例外。

　　另外，外汇管制造成对输入和输出外国的证券设定了严格的配额。为了获取相应的外汇，人们如果买进一种外国的有价证券，就必须以同样的金额向国外卖出另一种证券，否则就是不允许的。

　　这样就几乎自动地建立起了必要的平衡。

　　那时石油证券，特别是荷兰皇家壳牌石油，在法国备受青睐。为了购买荷兰皇家壳牌石油的股票，人们必须卖出一种总金额相当的外国证券。

　　某只半死不活的日本证券不在官方的名单上。法国与日本政府之间徒劳的交涉没有取得一丝成果。巴黎股市上只有很少的人知道这只证券，在国外它就更不起眼。

　　但是突然间这只证券出现在瑞士的交易所，仿佛是从潘多拉的盒子里跳出来的。观察家们惊讶地发现，市场上这只证券越来越多了。没人知道这是怎么回事。

在巴黎，越来越多的人在传说：瑞士将作为买主登场。而实际上是一些专营国际套汇的法国银行在不断买入，消息灵通人士知道，这么做是为了卖出在瑞士的证券。

在瑞士又传播着这样的流言：巴黎是买主，实际上是瑞士的套汇银行在不断买入。消息灵通人士知道，这么做是为了卖出在巴黎的证券。

人们在巴黎窃窃私语：瑞士人已经知道有可能与日本达成一致；而瑞士人则认为：法国人肯定比他们更准确地了解关于和东京交涉的新闻。人们一致认为，某一大的举动正在酝酿之中。许多人随波逐流，因为那场交涉下的绝妙大买卖触动了他们。

那些外国人、小本生意经营者开始不安起来。他们打听、关注着事态，直到有一天价格渐渐超过了理智所允许的范畴。

在远东却没有什么新消息，一直没有达成协议。真相是怎样的呢？秘密在哪里？答案是：由于法国市场希望得到荷兰皇家壳牌石油股票，套汇者在瑞士交易所买入该股票以便在巴黎卖出。在一个明确的条件下，这个交易是完全合法的；人们能够用外汇支付。这笔外汇是通过卖出另一种从巴黎出口到瑞士的外国证券而得到的。

人们必须找到一种数量充足的，可以在巴黎买到又可以在瑞士不受损失地卖掉的外国证券，而这种"日本货"正中下怀：人们可以在巴黎任意购买，也可以在瑞士任意抛售。

为什么？很简单，因为另外的一群套汇者在瑞士购买日本的债券，再以合法的方法把它们送到巴黎的交易所卖出。他们用得到的法郎在黑市上换成外汇，以付款给他们在瑞士的买主。因此会出现一种债券在法国和瑞士之间不断游历的局面。大的套汇银行把"日本货"从巴黎送到苏黎世，而黑市套汇者恰恰又把同样的债券送回巴黎。尽管巴黎—瑞士的特殊旅行没有违反法律规定，但返程瑞士—巴黎却不完全符合道德标准……当然债券的牌价是不能变动的，因为在买卖天平的两张秤盘上站着的是同样数量的证券。

但是那些人，那些闻到了烤肉香味的人，那些在这场大的交易中看到了和平协议的人失去了平衡。一点小小的分量，在天平的一边秤盘上加上几克，债券就不停地涨。

事态一直这样发展着，直到有一天与日本达成了一条对债券持有者极其不利的协议，价格下跌了大约50%。

对于那些总以为其他市场上的同行比自己知道得多的人们来说，这是一个很好的教训！人们经常不切实际地想：邻居家的草坪比自己家的更绿。

完美的套利者

在某种情况下和某段时间里，我把套保交易看作科学。做这种生意，需要的不仅仅是一个短短的电话，套保者还必须掌握全面、准确的技术知识。由于增加了对这类生意的限制，也由于货币管制、税务规定等其他措施，套保交易在20世纪越来越复杂了。在这种情况下，各种出色的成交必须经过精心策划。

套保交易（一直是指外汇套保，因为它建立在货币的地区差价基础上）现在已经在全世界撒下了网，并且越出了外汇套保的范围。根据交易的不同需要，套保者会从一个地区跳到另一个地区，用有价证券换取原材料，用股票换取国家债券，用债券换取贵重金属以及各种自由兑换货币或不可自由兑换的货币。外行根本搞不清其中的玄机。

在制作这件精美工艺品的过程中，各种套保交易，在不到8天的时间里，周游了世界上的80个股票交易所，给它们的发明制造者和成交者带来了巨大的盈利。

这是我在战后遇到的一个擅长迂回赚钱的能人的故事。

当第二次世界大战的魔爪渐渐收回之后，法国又开始回归自由的生活节奏。在敌占时期，资本循环由于现实环境和心理原因中断了。外国有价证券的利息无法得到支付。这一困难引起了公众的不信任和自我保护心理，他们在日益恶化的危险中先是自己藏起来，然后把自己的全部财产也都隐藏起来——埋在树下，藏在枯井或林中洞穴里，有价证券就这样等待着困难时期的过去,才得以重见天日。

这些证券(主要是南非的金矿股票)的持有者没有马上跑去取出他们的藏货,而是想到突然间冒出这么多的证券,会不会被政府没收。对马丁先生和杜邦女士来说,只有唯一的一个避难所,只有唯一的一个安全港(几年来他们一直这样认为)才可以让他们的财富免受下一次洗劫,那就是黄金,不是法郎,也不是美元,就是纯黄金——金条或拿破仑金币。

人们必须把这些睡美人般沉睡着的证券出售,把这大批凭证变成实实在在的、黄澄澄的金属。黄金的光辉再度发生作用,随着《伏尔波恩》和《梅卡德》上演,每个人都相信它会保护人们摆脱困境,要把金矿股票换成金块或金币。于是那些证券开始了它们奔向各个方向的急行军。熟知边境通道的专家知道,它们的路径应该是从法国到日内瓦,在那里把金矿股票卖给一位美国套保者,换回美元。

这位套保者,我的朋友莱西·库克思,既不来自波士顿也不来自得克萨斯。他出生于斯洛伐克。他在维也纳读了小学,在伦敦和莱比西学习国家经济,在巴黎索邦大学研究古典文化。后来他来到阿姆斯特丹的股票交易所实习,之后去了伦敦,开始在辛格和弗里德兰公司接受银行业培训。第二次世界大战期间他来到纽约,在萨特兄弟的公司领导套保业务。

简而言之,他是一个完美的套利交易者……另外他有一个哥哥在约翰内斯堡，一个亲戚在悉尼，一个姐夫在伦敦，以及许多朋友、同事和同行在世界各地，其中也包括我。

他的感觉极其敏锐，能听出草从什么地方长出来，并擅长在一秒钟之内做出决定。他了解所有国家的规章制度，掌握所有解决困难的技巧。能赚大钱的套利机会不是每个人都知道的，它们也不会自己写出来。相反，它们像生产一件贵重产品一样处在极其秘密的状态下。套利机会需要专家自己去找或者去发明。我的朋友莱西·库克思就是这种复杂生意的杰出天才。当然，这毕竟是他的职业。

多亏他的美元，那些金条、拿破仑金币等所有的人们盼望已久的黄金才得以踏上了通往法国的道路。由于金币供不应求，法国的民众甚至在黄金本身的价值上又加付一倍的额外酬金，并加付给那些把金币从日内瓦（有时也从佩唐日）走私进来的人 10% 的额外酬金。

在华尔街一座摩天大楼的第 32 层的办公室，在他的豪华却缺少温馨的马赛克玻璃笼子里，莱西·库克思正在考虑，这项也许是他套利生涯中最成功而奇妙的计划，是否能成为现实。他将用电话指挥把这些在日内瓦的证券调往另一个国家，一个在税务上没有严格规定的地方：古巴的哈瓦那。

这是由于那些在战争年代沉淀在法国的股票已经"长出了长长的胡子"，也就是说：它们是一堆无法贴现的息票。在古巴这个避风港，人们可以剪掉息票的长胡子，再把它们送往伦敦，在伦敦兑换成免税的美元，因为这笔息票是用古巴的账户来结算的。

那些有价证券踏上了通往美国的旅程。莱西·库克思在他的大本营里做好了下一步的准备：金矿股票将再次横渡大西洋，在伦敦的交易所抛售。英国购买者用"受管制的英镑"（也叫作"交换货币"）来付钱。"交换货币"是只能用于购买其他有价证券的货币，也就是说，它一到美国公司的账户上就会被"冻结"。莱西·库克思在伦敦交易所用受管制的英镑购买巴西的国家债券和各种阿根廷股票（酿酒业的、面粉加工业的、铁路运输业的等），因为如果他用那笔英镑直接兑换美元，必须承受40%的损失。

然后他从他曼哈顿的摩天大楼里把这些证券调到布宜诺斯艾利斯和里约热内卢，即它们的出生地。这些国家迫切期待着它们的股票又回到祖国的怀抱。在阿根廷和巴西，人们用被管制的克鲁塞罗和比索购买这些股票，这里的货币之所以受管制，是因为在这两个国家，人们只允许用钱购买受到出口补贴的产品：咖啡、可可、巴西棉和阿根廷冻肉。

莱西·库克思现在拥有受管制的克鲁塞罗和比索，但是还没有收回他在日内瓦花出的美元。

他用那些克鲁塞罗和比索做什么呢？他在这里触犯了一条

巴西和阿根廷的严格戒律，对这里的人来说，美国就是美元，今天也如此。"美国佬如果想喝我们的可可和咖啡，想吃我们的肉，就必须付出坚挺的美国钞票，否则我们什么都不卖。"他们说。但是那些战后的穷亲戚，例如日本、芬兰，他们允许在巴西和阿根廷用管制货币买东西。

我们的莱西·库克思立即把这些管制货币在东京、赫尔辛基抛出，把它们换成从巴西或阿根廷进口的可可、棉花、咖啡或冻肉。有时候游戏还会继续：芬兰会把一部分买来的产品用来偿还旧债。尽管芬兰是一个受战争破坏的贫穷的国家，它却有美元付给在纽约的莱西·库克思。因为芬兰可以利用它的森林资源向全世界出口纸浆。

人们可能会问，这场货币巡回表演的意义何在。为什么赫尔辛基或东京会买进受管制的货币，再用它们购买进口商品，它们本可以用它们的美元直接买，它们本可以用手里的美元直接付款呀！原因很简单：它们可以用很大的折扣价格得到受管制的外币。

这次证券旅行的程序是这样的：法国人想抛出他们的金矿股票并不惜一切地想得到黄金，于是股票的售价低得可笑，而付给金币或金条等黄金的价又过高，因此莱西·库克思可以搞到十分廉价的克鲁塞罗和比索，并以很优惠的价格卖出去，以至于芬兰人和日本人用这种货币从南美进口货物，可以比他们直接用美元付款能得到更多的实惠。对莱西·库克思来说，这也是一桩非常圆满的生意：一圈旅行结束了，他收回了他的美元。

不过还有很多其他的方法。例如，一家位于贝鲁特（当时该城市被称为近东的瑞士）的专营金属贸易的公司发现，"交换货币"的禁律有一个漏洞。在一定的条件下，如果把英镑转到丹麦的银行，便可以根据1917年的《英国－丹麦条约》，把这笔钱用于购买英国的原材料。这一发现马上带来了利润。在丹麦国旗的护卫下，新加坡的锌和马来西亚的橡胶远航到了鹿特丹。新加坡和马来西亚当时属于英国，最终美国人用美元付账，交易又圆满结束了。

另外一个类似的漏洞是经英格兰银行同意，人们可以用管制英镑从远东购买白银。这白色的金属以硬币的形式来到维也纳，被锻压成玛丽亚·特雷西亚塔勒。它们被船运到吉布提，那里的人会买下这些银币，以便在阿本西尼购买货物。

尽管听起来不可思议，但是这些印有哈布斯堡王朝女皇头像的银币居然是尼格斯王国里官方认可的流通货币。由于玛丽亚·特雷西亚塔勒的买入者用美元结账，交易又圆满结束了！

在这场货币和商品的游戏中，在伦敦售出的金矿股票后来怎么样了呢？一部分股票也来到了约翰内斯堡，兑换成后来回到英国的国家债券。战后时期各个地区的国家债券都开始了一场回国运动。阿根廷人把他们的酿酒厂和铁路股票又买了回来，巴西人买回国债，南非人买回金矿股票，而英国人买回在国外的各种各样的有价证券，这场恢复国籍的潮流不可避免地影响了世界的所有市场。这也并不新奇，因为早在1930年以后，当债务国买回它们的国债时，在受到外汇限制的欧洲中部国家和美国之间就出现过这种情况。

另一部分金矿股票从不记名证券摇身变成了背书票据，并以这种形式回到了巴黎。另一些马丁和杜邦买下它们，但这回不再有什么秘密，而是直接用钞票买卖。

我的大宗商品、黄金、白银的经历

罗斯福总统毁了我

在股市走熊的年代,很多人都梦想做另一种投机——商品期货生意,就是做不同产品(可可、麦子或猪肉)的投机。

当我还是儿童的时候就听说过商品期货投机,它可以说与我家的传统紧密相连。匈牙利在我小时候就是粮食生产大国,布达佩斯的商品交易所是欧洲大陆上最活跃的期货市场。人们尽情地买卖麦子、燕麦或甜杏酱。还有很多人是在芝加哥或利物浦参与期货市场。收成前景、消费统计和天气预报是人人口中的话题。一个尤其炎热的夏季或者一场盼望已久的大雨,对投机者可能意味着发财或者破产。

许多年之后,我在巴黎从业期间曾惊讶地看到那些巴黎商品交易所里的绅士,每隔10分钟就从大厅跑到街上观察天气。当时最大的交易对象是糖。甜菜的生长需要很多雨水。如果天是蓝的,糖价会上涨几个点;阴云密布,它又会跌回去。这是交易所的短期逻辑。即使兜里装着精确的晴雨计的人，也不敢保证它会给自己带来财富。

当然对埃及的约瑟夫来说这很容易。他无疑是历史上最成功的投机商。法老 7 只肥牛和 7 只瘦牛的梦是对他伟大的粮食投机的准确预示。他在 7 个丰年买入谷物，在歉收年卖出，收获巨额盈利。但在 7000 年后的今天，我们投机者没有这么准确的信息。20 世纪的交易商依赖统计数字和电脑。正如我在"培根－玉米－套利"中说过，人们忘记了那些无法预测的事物，而不幸的是，它们在投机交易中的作用比最准确的统计数字要大得多。

我这里只想讲述我众多回忆中的一件事：那是 1940～1941 年，欧洲处于战争中，而当时我生活的美国还在保持中立。由于我当时手头有很多现钱，所以想做点什么。美国也已充满了火药味，我不想买有价证券，于是开始研究商品市场。我希望自己不仅聪明，而且还是天才。所以我没买麦子、玉米和棉花，这些产品出自美国本土，不会成为紧缺货。相反我认为，来自远方的热带国家商品的进口货会越来越少。由于潜艇战的危险和由此引起的航运费和保险费的上涨，这些进口货即使在中立的美国也肯定会不可避免地涨价。再说，人们预计美国将会参战。

这是当时的形势。我列出了一张可以购买的期货商品名单，位列首位的是橡胶，这是重要的战略物资；丝绸，是考虑到与日本的敌对关系；胡椒和锌，来自爪哇岛，进口会受到威胁；最后是来自遥远的澳大利亚的羊毛，如果战争爆发，美国需要生产很多军服。

理论是奇妙的，而实际却是另一回事。橡胶具有如此重要的战略意义，以至于它在美国参战之前便由政府调控到很低的价格，这是在和平时期从未有过的措施。丝绸保持稳定的行情，因为尼龙已经上市，对自然丝的需求量大大降低。当后来爆发与日本的战争，在行情飞速上升时，丝绸交易在交易所被叫停了。合约被限定了强制交易价格，这个强制价当然更低。羊毛的行情发展也出乎预料，大型货轮把武器运到澳大利亚，返程时为了不跑空，装满了羊毛。增加的进口使羊毛储量上升，从而阻止了价格的上涨。出于类似的原因，胡椒和锌的行情也不比这些好。

相反，一项纯美国的产品似乎是真正的投机对象，尽管这不符合任何逻辑。罗斯福总统虽然很有权威，但他被迫在某种程度上做了蛊惑民心的宣传，为了他的亲英国政策，他需要来自南方和中西部的选票。所以他向棉田主和棉农保证给他们的产品提供贷款担保。他不仅要支持棉价，甚至还要促成其价格上升。罗斯福就这样夺走了我的财富。

不可预见的事物再次改变了看似最安全的计算。我遇到过很多类似情况。战争、战争的危险、和平、社会安定和内政、外交等各种因素,都跟数据一样是投机者必备的资料,它们有时甚至更重要。在这里,科学止步了,人们开始用直觉做出判断,而直觉是几十年经验的产物。

黄金走下讲台

黄金的历史可以往前追溯几千年。但是 40 年前开始的这段历史就像一部冒险小说。有趣的是这部小说的第一章是在二战结束以后才开始写的。因为 1939 年以前和二战时期,"黄金"和"金价"这些词还根本算不上是个话题。

在战争爆发前的几个星期,全世界都相信战争会到来。在法国这个极度拜金的国家,黄金已进入交易,人们可以用比金价便宜的价格买到金块或者金制的物件(盒子、罐子等)。我今天还收集着那时便宜买到的许多金罐,我买它们不是因为喜欢黄金,而是因为它们很漂亮。由于对战争的恐惧,储蓄者更喜欢黄金而不是钞票。就是在战争时期,黄金也在整个欧洲,准确地说是在里斯本,即运往美国的货物装船的地方,以每盎司⊖低于 35 美元的价格进行着交易。

欧洲政府,尤其是德国和意大利政府,需要的是美元而不是黄金,因为用美元可以买到战争需要的所有物资。在法国只

⊖ 1 盎司 = 0.029 27 升。

有经历过第一次世界大战的老人才买黄金,但这个需求量与交战政府的巨大的美元需求相比,显得微不足道。

在这种情况下,里斯本黄金的价格必须低于美国的买入价,因为要把运费和高额(由于战争的缘故)保险费算进去,另外还要加上7～10天跨洋运输期间的利息损失,以及操纵这类贸易的套利人的赚头。欧洲的银行是卖方,而美国银行什么都买。1914年我曾经问我哥哥为什么政府需要黄金,他极有远见地回答说:"为了买美元。"

但是战争结束后,由于布雷顿森林会议签署的条约,黄金热又慢慢回升,并在以后的几年里不断升温。

当时无论是做金锭还是金币的黄金贸易,最大的水陆转运地都是摩洛哥的唐日———一个当时的关税绿洲,一切都是自由的,和苏黎世一样,那里也是一片中立的土地,没有任何限制和外汇管制。内行人从唐日、苏黎世和日内瓦以金币的形式把这种贵重金属走私到欧洲的所有国家,特别是到巴黎,那里严加禁止任何黄金交易和黄金进出口。尽管唐日和苏黎世的黄金价格已经远远高于官价,但法国人还是会在此之上再多付50%～100%。因为只有国家银行可以用平价购买黄金,所以经常出现这样的情况:法国人尤其偏爱拿破仑金币,在购买这种金币时,他们往往付出比金币面值多一倍的价钱。

像在文学和神话中证实的那样,黄金自古就对人们有一种魔力，但是作为投资，人们应该把它归类于另类资产。在我们的资本主义体制中，我们对投资的价值只能以它的红利，或将来有可能得到红利来衡量。黄金像宝石一样，只能在各自市场的范围里进行评价，而它们常常是大幅度操纵的对象。由于供求关系经常由心理因素所决定，生意就更简单了。投机商最有效的抬价吸引百姓买黄金的办法是：他们自己首先购买。

由于金矿是南非换取外汇的最大支柱，所以金价对南非意味着生存，比勒陀利亚政府不惜一切抬高金价。但是由于开采数量大于工业需求，南非政府金库里的金锭有时会堆积如山。只有让老百姓嗜金如命，才能再抬高金价，为了唤起公众的购买欲，某些国家银行也以买主身份出现。在这场战斗中最好的武器是国际货币的混乱。19世纪80年代初，当德累斯顿银行在黄金联合企业中扮演主要角色时，也进行了这样的实践。

布尔人（在南非的荷兰后裔）统治者哄抬金价，这已得到了最权威方面的100%的证明。1972年10月，在伦敦举行的一次黄金会议上，我问瑞士银行协会（也是南非政府的家庭银行）的会长：南非作为最大的生产国是否会购买黄金。他的回答言简意赅：“南非政府自己不买黄金，但是我们银行替政府买。”然后他讲得更明白：“当干扰因素（他指的是和平、价格稳定、社会安定等）起作用，或俄罗斯抛售黄金影响价格时，我们必须干预黄金市场，支持金价。然后对我们有利的时期（他指的是战争、革命、社会动乱、通货膨胀、洪水、火灾）会到来，那时我们可以再卖出。"

有什么能比这个古老的笑话更好地解释这个过程呢？年轻的格鲁离开他的村镇，来到布达佩斯做生意。几个星期之后他给父亲打电话汇报："爸爸，我做了一笔好生意。我用100的价格买了很多羊皮，它们已经涨到110了。"

"太好了，我的儿子，你很能干！"

一个星期后他打电话，高兴地汇报："爸爸，羊皮已涨到120了。"

"太好了，我的儿子，你是个天才。"

两个星期后他又打电话，欢呼着："爸爸，羊皮价格现在是1500。"

"妙极了，"父亲说，"现在卖出赚钱。"

"卖？但是卖给谁啊？我正在买呢。"

秘密的黄金投机

我是天生的投机者，我的角斗场就是交易所。但我也是一名理想主义者，精力经常用在一些没用的东西上。我想战胜那些人，那些只把生活拴在黄金上的人，那些出于理论信仰或只是投机原因而抬高金价的人。我在电视、报纸和咖啡厅里一直重复在说:"那些人是在胡闹。"

可以理解,首先是南非人希望能加倍提高他们唯一的源源不断的出口产品的价格。众所周知,南非人在过去一段时期宁愿欠债也不用黄金付款,因为他们坚信金价会再涨。

这场规模巨大的运动在1967～1968年爆发了。我必须承认,这场波及全世界的风暴甚至吓倒了我这个积极的金价稳定捍卫者。我虽然有坚定的信念,但还是屈从了。像一位希腊哲学家说的:他知道自己什么都不知道。一个真正的投机者虽然信念坚定,但必须知道自己也是会犯错的。在这场全世界范围的黄金投机的风潮下,一天早晨,我问自己,我是不是错了。在那天早晨,当时的美国央行行长马丁先生从瑞士的巴塞尔飞回华盛顿。我缩回到我的象牙塔里开始思索:如果金价真的违反任何逻辑地上涨了,我还敢到街上走,去咖啡馆吗?我会在那里遇到我的熟人,我曾经向他们灌输过我的"黄金理论"。

于是我抓起了电话!要在瑞士买入黄金。哎,我堕落得多深呀——像那些愚蠢的投机者一样买黄金,跟着那些虚伪的预言家、理论家跑,他们以吓唬老百姓获利。

我从日内瓦的瑞士信贷银行借款买了1万盎司黄金,当然是秘密进行的。但由于一个朋友的泄密,我的叛徒行径登上了巴黎一家大报,成为熟人们幸灾乐祸的笑料。但我没成为变节分子!我并没有买黄金,只是买了黄金期权。黄金只会涨不会跌。哪一个投机者会放弃提供给他的自由选择权呢？我在科隆大教堂上也会毫不犹豫地接受期权。另外我被一种想法牵引：我从未怀疑某项禁运令会引起价格变化。如果我必须出丑的话，我希望至少能得到一丝安慰，在经济上能有一点收获。假如金价真的涨了，我也可以走向收款台。后来发生的事已成为历史。4天之后黄金禁运令颁布，金价开始慢慢上涨。但是并没有像许多投机者梦想的那样，官方价格没有涨到不可思议的地步。在这一点上，未来也不大可能。

我满意地看到我的分析是正确的。不过我现在坐在两条凳子之间：金价上涨，理论家受辱；金价下降，实践家生气。但是如果一个投机者既发表高谈阔论，又凭感觉去做多时，事情就会这样。

白色金属

现在我要跳到另一个话题，尽管我还停留在贵重金属领域。我想讲讲有关白银和白银投机，在过去的55年里，我亲自关注并参与了这些冒险。

这种白色金属的历史是一篇光荣的英雄史诗。虽然早在古希腊就已出现了白银铸币，但英雄时代却开始于西班牙殖民时期。16世纪，西班牙的占领者发现了童话般的美洲大陆，并向他们的国王发回了令人震惊的报告：用他们发现的奇妙的银矿脉，可以建成一座银桥，一座从神秘的秘鲁海岸到马德里之间的银桥。

400年后，这种白色金属再次施展魅力。这回它的魅力在罗斯福总统的亲密朋友——小亨利·摩根索身上发生了作用。小亨利一向知道怎样把他最喜欢的想法变成现实。

1929年以交易所"黑色星期五"为开端的危机，在1933年发展到了登峰造极的程度。遭遇信任危机的国家陷入银根紧缩政策和通货紧缩之中。小亨利·摩根索认为，提高银价可以缓解这种局面。另外，白银生产国出于自私的原因对美国施加压力；希望白银生产国（例如墨西哥）和白银储备量大的国家提高购买力。

尽管没有双货币计划，摩根索希望帮助联邦储备银行和美国政府的金库增加白银的储备，它与黄金股票有同样作用。一条法令规定了美国政府购买自产白银的价格，并且禁止进口外国白银。伦敦交易所里挂出了新制定的极高的价格：大约每盎司70先令。而在这之前，伦敦的白银价格是每盎司15先令（当时在美国市场上没有白银的自由贸易）。

这巨大的差异当然对全世界的投机者都极富有刺激性。他们蜂拥到伦敦（我也不例外），用比摩根索的买入价低得多的价格购买大量的白银。人们预计，随着时间的流逝，这种差价会被拉平，至少会缩小。行情上涨得很慢，但巨大的差价使这场交易仍然很有吸引力。伦敦的期货市场上，许多投资者以不断上涨的价格继续购买白银期货合约。

但是！这时出现了不可预见的但是！那些曾隐藏在印度的白银渐渐地大量出现在美国。

摩根索陷入了沉思。由于白银来源永不枯竭，他必须在白银上投入越来越多的美元。议会很快否决了上面提到的那条法令。美国政府购买白银的活动停止了，香港、孟买，当然还有伦敦，白银价格顿时暴跌。

在这场投机中，我和我的其他同事一样，变成了纸上的百万富翁。因为伦敦的银价曾经涨到 50 先令，带给了我天文数字的盈利。24 小时之后，我的百万财富便消失了，最后我只能挽回小部分收益，这还是因为我在价格下滑的过程中急速调头，卖掉了其中一小部分。

大约 30 年后，这白色的金属给了我一个小小的回报。我又以 90 美分的价格买进了白银。这个价格是美国政府人为制定的最高限价，为的是不让价格上涨。

当时的形势和征兆促使我加入白银的交易。化工行业大量买进白银，而白银的库存并不多。另外我接到一个朋友（他在美林工作）的电话，他告诉我，美联储已经接到指令，不允许再给美国公民代办购买白银期货合约的业务。在这种情况下，投机者怎么做呢？我给洛桑工业银行（我一直和他们保持着友好的关系）打电话，问他们是否可以为我购买一大批白银（可储存保值的商品），并给我提供融资。我得到了肯定的答复。14天之后，美国政府把最高限价提高了33%，到120美分。计划成功了，虽然只带来了很小的收益。

我的第一次白银冒险刚刚过去40年，这种贵重金属就又成了人们坊间的话题，全球的新闻界都在报道亨特兄弟轰动一时的白银交易。这两位得克萨斯州的百万富翁早已通过其他产品（如石油、大豆等）的成功交易而扬名。20世纪80年代初，他们制订了如下计划：买下全世界的白银，哄抬银价，再以天文数字般的高价向消费者出售白银。这种形式的交易在行话中叫作"囤积居奇"。

对应的德语词是"Ring"，意思是临时的买卖投机联盟，一群投机商买进所有的产品和库存，再通过大量的宣传，引诱公众进行投机买卖，也就是以期货和贷款方式购买商品。

亨特兄弟的基本想法是：产品的生产和消耗之间的差距会越来越大。比如说，世界上日益增长的摄影嗜好，还有对化学工业其他产品的需求都会造成这种差距。亨特兄弟控制了很多银矿，压低了白银的产量。通过聪明的宣传，他们成功地诱导公众加入投机买卖。多头认为：这是万无一失的事情。经纪人们给所有的客户打电话，游说他们一定要参加白银交易：亨特兄弟在买，而且他们肯定知道为什么买。

同时，另外一群投机商正在进行卖空交易，也就是说，他们卖自己还不曾拥有的白银，希望以后能用低得多的价格再买回来。在美国、孟买、墨西哥城，在所有自产白银的城市，都有数千名这样的投机商。他们一致认为现在的价格已经太高了。

但是价格还在继续上涨。投机联盟不断挤压白银的流通量，直到它们几乎从市面上消失。价格还继续上升，卖空者更加疯狂地卖空期货合约，股票经纪人也继续给客户打电话，建议他们继续购买白银股票，原因是亨特集团的卖空投机会夭折的……老生常谈。于是买单像雪片般飞来，行情上涨，人们用赚来的钱又继续购买。因为这个游戏太简单了：人们只需付10%的保证金。行情在这种形势下从每盎司5美元涨到50美元。全世界的投机者都屏住呼吸，等待着这场巨大赌博的结局。我的一位金融记者朋友和我打赌，银价会涨到每盎司500美元。我告诉他：官方会干预的，因为某些团体已指责白银暴利"骇人听闻"了。他回答说：这没关系，财团不怕政府。白银工厂前排起了长队，人们从未能把家里的银子卖到这么好的价钱。

没有人想到这场白银的繁荣会由于政府和交易所协会的干涉而结束，但它还是发生了。多亏了诸如新贷款条例等措施，垄断财团的空中楼阁倒塌了。

亨特兄弟首先忘记了一点：要想成功地"垄断"，必须拥有无穷的资本,并掌握国际货源的绝对控制权。只有能迫使卖空者用奇高价格买进商品,才能真正地扼杀他们。

一个更大的金融家——美国政府的白银垄断是对此最好的例证。它真的拥有无尽的资本——美联储发行的美元。

亨特兄弟肯定不知道这句成语,所以,人们才会将他们的行为称为"永远不会成功的垄断"。

永远不会成功的垄断

第一次世界大战以前,布达佩斯的粮食交易所是欧洲最重要的期货市场,因为匈牙利是中欧的粮仓。有期货交易所的地方,就会有很多操纵的机会,我讲的操纵,是指控制价格的上涨或下跌,尤其是当这种操控来自某个团体的时候。燕麦经常是这类操纵的对象,它是那个时代的汽油,是作为交通工具的马的饲料,尤其是在军队里。

一小撮投机者在世纪之交算计着:根据收成统计、天气预报以及皇家军队的预计消耗,人们应该做多头投机。做好多头准备,伺机推动人为涨价。

一些多头投机者为此成立了一个辛迪加(人们所说的垄断集团),制订了一个周密的计划。他们用假名字在匈牙利全国各地买进并囤积燕麦,同时在交易所大量买入期货合约。而卖空者被慢慢上涨的行情惊呆了，他们曾坚信皇家军队的燕麦需求已经得到满足了。另外他们从芝加哥的情报员那里也得到了悲观的价格预报，因为中欧的燕麦收成会很好。

当价格继续上涨时，他们突然发现，在这场运动的背后隐藏着一个阴谋，但对于这个阴谋能否成功，他们都表示怀疑，于是他们卖空更多的燕麦期货合约。这样就又一次形成了一个典型的垄断局面。这和上面提到的亨特垄断白银的情形一样。在两个例子中，辛迪加都买进了比实有商品还多的期货合同。这次垄断就是著名的燕麦垄断。布达佩斯交易所里几十年后仍议论着这次囤积行动。

由于匈牙利的天气预报不乐观，人们本来能够事先估计到这次对卖空者造成灾难性打击的涨价。他们不是笨蛋，绞尽脑汁想方设法阻止囤积行为。一个卖空者想出了一条妙计：人们应该在匈牙利的新闻界展开一场政治宣传活动，抨击可恶的哄抬物价者，标题为"让军队挨饿的人们"；然后派一个代表团到国防部，挑拨它与剥削军队的人对立。卖空者的消息说军队的燕麦需求已得到了解决，这是错误的。

卖空者每天早晨都在交易所旁边的一个小咖啡馆里边用早餐边商讨他们的计划。一天早上，所有匈牙利报纸都同时刊登了控诉股市魔鬼的文章，说他们想破坏国家军队，对这一叛国举动，高层人士必须干预。新闻攻击的主要目标当然是那个辛迪加的总裁阿米·萨多。他是一个聪明过人、诡计多端的股市老狐狸,掌握这一行里的一切伎俩,人们直接用最严重、最难听的词骂他。

辛迪加的成员坐在咖啡厅里等待着他们的领头人的反应。终于,他来到咖啡厅,坐到他们的桌旁,要了一杯咖啡和一块牛角酥,好像什么事都没发生一样。终于有一个成员耐不住性子问他,怎么看当天的新闻。他说:"我只读《泰晤士报》。"(其实人们知道萨多一句英语都不懂。)

对他来说事情就这么了结了,但囤积行动还没有结束。卖空者代表团受到了国防部长的接见,他要求匈牙利政府干涉,后来布达佩斯的银行也要求立即取消为购买燕麦而发放的贷款。于是囤积者以巨额损失收场,卖空者又一次获得了厚利。我强调"又一次",是因为在燕麦生意上已成立过很多垄断集团,他们出于某种原因总是没成功,而卖空者总能获利。所以人们把燕麦垄断称为"永远不能成功的垄断"。

有趣的是,80年之后,我本人从这个故事中得到了好处。我结识了伦敦《泰晤士报》的总编辑——一个很有魅力而和善的先生。我给他讲了这个故事,他听得非常开心,免费给我订了一年的报纸。作为回报,我又给他讲了第二个有关《泰晤士报》的故事。

我在巴黎有一个同事叫卢文格。他出生在法兰克福,却处处想展示其"英国风范"。1914年世界大战爆发时,作为德国人,他害怕留在法国或英国。他搬到了瑞士,在那里度过了整个战争时期。1918年战争结束后,当他找到苏黎世领事馆想延长他过了期的英国护照时,领事冷冷地看了他一眼,检查了护照并严肃地问:"你在战争中为英国做了些什么?"

卢文格鼓起最大的勇气回答:"我每天早晨读《泰晤士报》。"我的总编朋友大笑,把免费报纸延期到两年。

为了表示感谢,我告诉他《布达佩斯周报》上最受读者喜爱的栏目标题的名称也跟泰晤士有关。在这个栏目里可以读到城市中一切流言蜚语和情色故事。

这里我还要提到,关于匈牙利记者和匈牙利媒体流传着很多故事和笑话,我最喜欢下面这个故事。

一个乡村小报的总编晚上来到聚会桌旁。

他激动地说:"普鲁士的国王会气死的,告诉你们,他非气死不可。"

"发生了什么事?"在场的人问。

"我写了一篇严厉批评他的文章。"

没有永远保值的货币

第一次世界大战后的外汇交易

1918年的秋天,由于德国、奥匈帝国、保加利亚、土耳其等中欧列强的失败,这个帝国联盟解体了。这段时期,整个欧洲的主要谈论话题是:"美元怎么样了?"不完全是出于好奇心,这个问题不仅对商人和投机者十分重要,而且对普通消费者也十分重要,因为美元的行情不仅仅决定了马克和皇家克朗的价值,而且还是一个国家的未来在国际上被如何评价的最好标志。

最大的货币交易中心位于苏黎世和阿姆斯特丹。那里标出的牌价不仅是有关国家健康的温度计和晴雨计,也是投机商的博弈目标。这些货币的大宗交易不仅对行情,有时也对一个民族的命运起着决定性作用。

欧洲的外汇交易越来越复杂,特别是因为皇家帝国解散后的新兴国家需要引进自己的货币。他们在此之前一直全部或部分使用奥匈克朗(例如在波兰,在使用皇家克朗之外还流通着马克和卢布)。

这些新货币的产生首先需要人们不断地在沿用下来的纸币上盖章划印,而连这些图章居然也一天一变。正式流通的新纸币,上面五颜六色地分别印有德国、奥地利、捷克斯洛伐克⊖、波兰、南斯拉夫⊜等国家新领袖的头像。

这一切是一场混乱,人们必须学会适应;对每一个经历了并且生存下来的人,这场混乱是最好的学校。人们能够学到:外汇市场上什么都会发生,随时都有出乎预料的发展。

在这条外汇单行线上也曾有过逆流,对于中欧和东欧的货币来说,是以失败告终。有时这股逆流是过度投机的结果,有时是因为经济或政治事件,正如我们在过去的 20 年所经历的那样。

20 世纪 20 年代,我在巴黎交易所认识一位没有多少本钱的小经纪人,他在破产之前曾经是大投机商。在十月革命之后,他做了一笔大的等待俄国卢布跌价的卖空投机。他对局势的判断是准确的:旧版卢布会跌到一文不值,于是卖空了一笔大数目旧卢布。但是在到期的当天,他却不能交货,因为旧卢布出于某种技术原因突然从市场上消失了。于是他被强制平仓而破产。几个月之后,旧卢布真的跌到了零,但对他来说已经太晚

⊖ 于 1992 年 11 月 25 日,分裂为捷克共和国和斯洛伐克共和国。
⊜ 于 1992 年解体。

了，我认识他的时候他已经是穷人了。

这是一个典型的例子，它告诉我们：如果在一次投机中投入太多，或者顶不住一次小小的逆流，即使有最敏锐的判断力，也会失去一切。

这样的不幸经常发生，我在后面几章还会讲到。

政府也会破产。例如在匈牙利，当20世纪20年代国家苦于货币不断贬值时，被认为是天才的财政部长罗兰德·海格杜斯引起了新闻界的轰动，他想要拯救克朗。但是他的实验（大力紧缩银根）在取得短期成果后，以彻底失败而告终。通货膨胀率上涨到新高，可怜的部长在民众的唾骂声中，在精神病院度过了他生命的最后几天。当然不是说所有与通货膨胀做斗争的人都是这种下场。这种斗争是否成功，最终并不取决于部长，而是取决于所涉及的民众道德与否。

当然也有运气好的投机者，例如约翰·梅纳斯·凯恩斯——过去70年最伟大的经济学家。他在一战后的几年里，通过投机中欧的经济衰落和货币贬值，挣到了一大笔财富。

买卖美元不是违法的吗

一战结束后的黑市异常繁荣。不论是布达佩斯、柏林、维也纳还是巴黎，人们都在做上百万美元的交易。在布达佩斯，我认识一位非常值得信任的外汇交易商,他名叫布斯克维茨(这个黑市商十分可靠,甚至比其他的股票商还值得信任;人们可以交给他上百万的钱财,到最后不会少一分钱)。

有一天,我的这个朋友被经济警察抓住并带到值班室。警长斜了他一眼,威胁道:"布斯克维茨,你在做美元交易!"布斯克维茨做出惊讶的表情,十分严肃地说:"什么?警长先生,这怎么可能?买卖美元不是违法的吗?"警长像是挨了当头一棒,沉思了一秒钟后说:"这大概是一个误会,布斯克维茨先生,您现在可以走了,请吧!"

还有另外的一个例子足以说明黑市上的外汇交易的信用度有多高。一个叫尼古拉·赫夫保尔的人在二战后经营大笔的黑市交易。他的很多客户在他那里存有巨额现金,用于购买外汇。一天晚上他听到风声,警察掌握了他的证据并准备逮捕他。他立即跳进出租车,找到所有的客户,把钱还给他们后才逃往国外。

失败的法郎之战

通货膨胀下的幸运儿曾有数百位,尽管他们的成功只是昙花一现,有几位我还亲自接触过。

其中最成功的是一位来自斯图加特的德国青年——前面提

到过的弗里茨·曼海姆博士。他曾是阿姆斯特丹市场上最聪明的外汇交易商。作为一名普通斯图加特商人的儿子，他在1914年以前就在巴黎的一家做出口俄罗斯贸易的公司里学习银行业务。战争爆发后，他回到德国，与国家银行建立了联系。战争刚刚结束，国家银行就把他派到当时中立国最重要的金融市场阿姆斯特丹，希望他作为国际银行业务的专家，在外汇市场上为国家银行工作。

当时他的合同中要求他以巧妙的外汇交易保卫德国马克的价值。他努力工作，成为阿姆斯特丹最大的外汇交易商，并取得了极大的成功。虽然德国马克（前面已经提到过）跌到几乎一钱不值，他还是为自己积累了财富。(这使我想起了丹尼·达特，他在几年前在海斯塔特银行给自己赚了几百万，而银行却破产了！)当然德国马克的贬值不能归罪于曼海姆博士，原因有很多，但是他从中赚了钱。

我听到一些有关他的传说，最多是从阿姆斯特丹道伦饭店高雅的大堂主管（他居然考究地像普鲁士军官一样戴着夹鼻眼镜）那里听来的。曼海姆原来很值得同情，"他在来这里开房之前，生意就已经走下坡路了"。

几年之后曼海姆用赚来的钱成立了柏林门德尔松（哲学家和诗人拉辛的爱好者，默索斯·门德尔松的后代）集团公司的荷兰分公司，同时还兼任法国和比利时政府的银行顾问。

作为当时如此重要的金融市场——阿姆斯特丹的无冕之王,他尤其给我这种业界新手留下了深刻印象。当时我还无法预见他的悲惨结局:他是在二战爆发之前的几个星期去世的,两天后他的银行便宣布破产,那是当时最大的破产案,原因是一笔很有意思的却与德国马克无关的交易,同时也是外汇史上最特别的交易。在奥地利,最有名的通货膨胀的盈利者是一个叫卡米乐·卡斯丁里尤尼的人,他是特里斯特一个犹太教法师的儿子,很多我这一辈的维也纳人还记得他。在1914年以前,他是赛波里特轮胎厂的销售代表和商务主管。战后,他看到了货币贬值的巨大可能性并懂得充分利用它。像德国的施亭内斯(人们后来也叫他"奥地利的施亭内斯")一样,他用贷款在奥地利买货,不管什么价格,不论哪类商品,一段时间后再用不值钱的货币还债。

一时间他成了维也纳的传奇人物,人人都认识他。我还清楚地记得,那是1922年,我们经常在维也纳的塞莫林度夏。那时,每当他出现在南站酒店的大堂或餐厅里时,人们都把头凑到一起,充满敬畏地低声说:"他就是卡斯丁里尤尼!"他像贵族一样生活在美丽的奥根王子街(紧挨着罗特施德宫)的城市花园里;另外他还是一个艺术资助者,收集了很多画并资助萨尔茨堡艺术节。当重新开放老约瑟夫斯达特剧场(至今还是最典雅的德语剧场之一),马克斯·莱因哈德走上舞台致开幕词时,他不仅向观众鞠躬,而且还特意向卡斯丁里尤尼的包厢鞠躬,就像人们在过去对待执政的贵族一样。

虽然卡斯丁里尤尼有很多成就,但是他的事业像很多投机者一样,以一场不幸的悲剧交易而结束。这次交易也使很多"投机助手"和外汇交易商陷入困境。导致他彻底失败的原因是一场他和他的朋友曼海姆博士携手进行的、未成功的法国法郎卖空投机。

这场失败的法郎之战成为外汇投机史上的特别有趣的一个篇章,人们在法国把它称作"马恩河之战"或"马恩河奇迹"(著名的、真正的"马恩河之战"发生在1914年第一次世界大战的最初阶段。当时部队参谋部调动了巴黎所有的计程车把士兵运往马恩河前线,这场战役的成功对战争的进展起了决定性作用)。

卡斯丁里尤尼的一个雇员内尔肯博士在许多年前向我讲述了这场交易计划的产生过程。1924年2月,曼海姆博士应卡斯丁里尤尼的邀请去维也纳做客。用餐时,卡斯丁里尤尼对曼海姆说:"咱们做一笔法国法郎的生意,这是绝对有把握的事情。德国马克和克朗所经历的事情,一定会在法国重演。法国虽然胜利了,但在战争中失去了很多,它的血已流干了。国家虽然有黄金,但经济瘫痪,法郎肯定挺不住,咱们一起卖空1亿法郎!我还能再借到1亿法郎并把还贷期推迟几年!"

曼海姆博士起初虽然还有一些顾虑，但后来还是击掌同意了。很多来自阿姆斯特丹、瑞士、维也纳和其他金融中心的银行家和投机商也加入到卡斯丁里尤尼和曼海姆的搭档中来，于是形成了一个辛迪加，他们推动法国法郎贬值并进行投机。

在巴塞尔、阿姆斯特丹、日内瓦、马德里、纽约和伦敦，人们以3个月或6个月为交货期疯狂地卖出法郎，在巴黎股市上以期货方式用法郎购买美元、英镑和外国股票（金矿、国际石油等）。

同时人们通过世界各国的媒体散播有关法国金融的警信。这样，法国公民出于害怕心理，也用自己的积蓄购买外国的有价证券，从而促进了法国的资本出口——再次压低了法郎汇率。

所有这一切都发生了链条作用：法郎贬值、悲观情绪扩散，而扩散了的悲观情绪又促使人们继续抛售法郎。在巴塞尔，几个月之内法郎对瑞士生丁的汇率就从1∶30降到1∶20。

关于法郎的警报消息传播得很快，特别是在维也纳，人们可以观察到：维也纳的银行家，无论是大银行还是小机构，都直接或间接加入到这场法郎角逐中。（在过去的几年里，今天也一样，在芝加哥、法兰克福或苏黎世都有着几乎同样的美元博弈。）整个维也纳市民都被挂在深受敬仰的卡斯丁里尤尼的拖绳上。商人、企业家和每一个对投机略感兴趣的人都想参与进来。当时也没有什么其他的游戏可玩。维也纳的股市几个月来一直在走下坡路；对那些"游戏者"来说，只有卖空法郎算一个好主意，所以每个人都想加入。那是纯粹的投机狂热症，连法兰克福、布拉格和布达佩斯都被传染上了。经济危机来来去去，对这场胜券在握的游戏，每个人的储蓄罐里还都有几个钱。在这些城市里，人人都预计自己的货币会贬值。

这场游戏的方法多种多样，正像所说的那样，主要是以期货方式抛售法郎。在维也纳股市上甚至发展到有规律的法郎的外汇期货交易（尽管这是违法的），人们成亿地交易着。他们也用贷款购买法国商品，不管什么商品都买：大量的葡萄酒和香槟，足够喝好几年的；顶尖豪华的轿车，还不知道客户在哪儿呢……我的一个朋友甚至买下了一个陶瓷厂。这一切都无所谓。重要的是人们可以用贷款买到它们。

巴黎期货交易市场上的投机规模巨大。生橡胶、油菜、麦子，尤其是糖，是最受欢迎的品种。人们只需交一点保证金，就可以以期货购买上百万公担（1公担相当于100公斤）的糖。当时人们十分肯定：法郎的贬值会导致所有这些商品行情的上升。（连我爸爸也被一笔小小的糖生意引诱……）

其实这不是商品的交易，而是纯粹的外汇投机。债息虽然很高并在不断上升，但人们不在乎，他们看到的是丰厚的盈利。

法国银行以及法国的政客和专家惊恐地关注着这场围绕着国家货币的胡作非为。在巴黎，美元不断涨价，从一战前的1

美元兑 5 法郎，涨到 1 美元兑 15 或 20 法郎。1924 年 3 月，美元居然疯狂地涨到了 1 美元兑 28 法郎。法国政府终于决定，授权拉扎尔兄弟银行（至今还是巴黎最大的私人银行）干预外汇市场并支持法郎。该银行接受了邀约，在所有市场上购买法郎。

当纽约 J.P. 摩根集团银行向法国银行贷款以资助政府干预的消息传出后，彩球爆裂了，法国投机者陷入了混乱。巴黎拉扎尔兄弟银行在此之前还接到了纽约分行的电报："法国法郎卖不出去！"之后的半个小时，市场调转了方向。突然间整个世界只想买进法郎。从巴塞尔、阿姆斯特丹、日内瓦、维也纳等城市飞来上百万的买单。银行里没有足够的职员和电话以接受所有的订单。这形成了一场反向风暴。至 1924 年 3 月 8 日，巴黎的美元汇率几天之内就从 28 法郎跌到 15 法郎。法国货币得救了。这就是著名的"马恩河奇迹"，法国在金融市场大战中的一场巨大胜利。

对于其他人（比如维也纳人）来说，这是所谓的"法郎破产"，尽管破产的不是法郎而是他们自己……整个维也纳和布拉格都破产了，甚至状况略佳的阿姆斯特丹的银行家也承受着巨大的损失；其中的一些人陷入十分困难的处境，因为法郎债务，不论是外汇交易还是葡萄酒、上等货、豪华轿车或陶瓷厂，现在必须以双倍的代价偿还。成百家公司，其中很多进口商、银行家和经纪人必须暂时放弃结算，因为他们也有上千的客户失去了自己的积蓄，无力偿付投机差价。（我父亲也由于糖的生意赔了点钱；不过这也有好的一面，多亏他与一家巴黎经纪公司的联系，我被送往巴黎"实习"，所以我今天能在此引用拉辛的话："我在后宫长大，我熟知所有的诡计"。）

最大的失败者当然是卡米乐·卡斯丁里尤尼。这场失败是他的事业走向低谷的开端，他的威望已渐渐成为过去；在维也纳，他很快就不是人们议论的话题了。二战之后他出现在意大利，没有再扮演过什么重要角色。

法郎的第二次"马恩河奇迹"

法国法郎的悲剧在继续，只不过这回想扼杀法国货币的不是好斗的投机者或凶恶的炒股人，更多的是政客，或者更准确地说，是无头脑的党派之争，需要对法郎再度贬值负责。卡斯丁里尤尼的交易虽然是一场巨大的赌博，但在这场赌博中输了，从根本上来看一种货币只会在自己的床上死去或康复。

个人不可能在一场外汇市场的赌博中破坏一种货币。（所以也不可能通过投机破坏美元。）最多的悲剧产生于投资者的不信任。这种不信任当然是经济基本面和政治事件的结果。

1924年5月，在法国议会新的选举之后，所谓左派的势力掌了权，这也迫使总统亚历山大·米勒兰辞职，在新议员的眼中他太右倾了。

没有一个政治家具备充足的实力长期保持多数选票。于是接下来的是一段政府摇摆不定的时期：财政部长刚上任又下台。那时我也认识到：世上没有好财政部长，只有差和更差的财政部长。

不管政府向议会提出什么样的整顿国家财政的建议，都会被一伙议员否决（法国当时不像今天的美国拥有一定的空间，可以在一夜之间通过引进营业税来平衡财政赤字）。危机接踵而至，国家支出增加，通货膨胀升级，每个商人的办公桌上都标有秘书记录下来的美元汇率。

刚才说过，一个部长换下另一个部长，但有趣的是，总是同样的名字出现在游戏中，只有一个小小的区别：谁今天是财政部长，谁就会是明天的司法部长；谁是今天的司法部长，明天就会得到经贸部长的职务，而法郎却一跌再跌。

1926年7月，当美元汇率以历史性的最高价50法郎达到战前价格的10倍时，国家一片混乱，特别是在巴黎。巴黎市民一如既往地在这个紧急关头行动起来，我记得我亲自看到议会大厦前香榭丽舍大街上的游行。巴黎民众愤怒了，人们向旅游车扔石头并大喊："外国人来了，吃了我们的面包！"放映美国影片的电影院满地都是玻璃碎片，法国所有危机的祸根都首先是外国人，然后才是政客的责任。

在不同的政府垮台之后,赫里欧出任总理。他的财政部长是安那托勒·德孟齐,一个非常优秀的人,我在许多年之后认识了他,他甚至成了我的法律顾问。德孟齐很幽默,在议会发言中他是这样开始的:"先生们,金库空了!"这也是他最后一次发言,至少是作为该政府财政部长的最后一次发言,因为该政府没能在那天晚上生存下去……

动荡在继续并激起狂潮。这时又发生了一个奇迹——两年后的第二次"马恩河奇迹"。这个奇迹起源于1926年7月23号来自爱丽舍宫的一条消息:莱蒙德·彭加莱将重组政府并出任财政部长。

于是又重现了1924年3月的一幕:一夜之间外汇市场调转了方向。法郎在后来的30天里上涨50%,到12月底,在5个月内一共上涨100%,也就是说,美元汇率从开始时50法郎跌到12月底的25法郎。(如今这一代外汇交易商肯定无法想象这两年内的汇率变化,直到20世纪80年代,他们经历了美元从1.7马克升到了3.4马克。从那以后,虽然又悲惨地跌入低谷,但请注意:法郎的游戏也重复了两遍。)我们再回到1924年,后来发生了什么呢?财政状况不可能一夜之间得以改善,它也没有改善,但一个新人出现了。其实他也不能算新人:彭加莱在战争时期就曾任国家总统,是一位非凡的爱国者,痛恨德国人,这在当时的法国与爱国主义是一致的,是一个完美的象征。他绝对不是天才,正相反,据同龄人的评论,他是一个目光狭隘的、枯燥的法学者,对经济和财政一无所知(肯定比后来的里根总统还才疏学浅),但是一个名字就够了,不在于他是"谁",而在于他是"什么",他只是一块挂出的牌子。法国公众和国外投机者心理上的反应,已经对改变气氛和趋势产生了作用。

于是数千名法郎债务人又破产了。我当时已在巴黎的股票交易所任职。作为初学者,当时被称作跑腿的,亲身经历了这段混乱的时期和汇率的双向巨大波动。

外国的有价证券和外汇不能卖,法国的证券和股票却没有挂牌上市,市面上根本没有货源。像往常一样,所有的游戏者都站在一起,他们买进法国证券而卖出外国证券,这回最大的输家是银行里所有做法郎投机的外汇交易商。这一切都发生在最短的时间内,多亏一则从爱丽舍宫传出的消息:一个新人将接管政府。

在这场新的"马恩河战役"之后,法郎直线上升。股市上甚至有人传说,曼海姆博士这次做了一笔大的法郎多头投机。我认为这很有可能,那的确是很灵活的投机:昨天还阴云密布,今天已艳阳高照!

后来,法国银行和彭加莱政府产生了分歧。彭加莱欣慰地看着火箭般直线上升的法郎——美元汇率此时已到 20 法郎。在这个问题上他的立场不是实际的,而是纯感情用事。他坚定地看好法郎:"法郎就是法郎。"他从法郎的汇率里看到的是法国的威望。按照他的愿望,法郎应该达到1914年的水平——5法郎兑1美元,这既是国家的荣誉,也为了退休人士的利益。与此相反,法国银行在经济巨头和经济专家的支持下,持另外的观点。他们希望降低甚至阻止法郎的上涨速度,这是出于经济的原因和为未来着想。

这期间的汇率虽然在理论上略有起伏,但实际上还算稳定。在激烈的争论之后,法郎在1928年得以稳定并与黄金挂钩。它得到了一个新的名字"彭加莱法郎",与美元的汇率是25∶1。

法郎之战和过去几年里美元市场价格差距越来越小,很少有两种情况会如此接近,虽然它们的发生相距60年,而且涉及的是不同的货币。

投机马克

第二次世界大战结束后几年,我头脑中坚定了一个信念:德国经济重建会取得巨大成果。

我是在一个敌视德意志的气氛中长大的。当我还是孩子的时候,匈牙利曾有一位女州长,所有的邻居和佣人都恨她,因为她是德国人。"匈牙利不要相信德国人"是当时匈牙利民歌中的歌词。随后我在布达佩斯和巴黎上大学时也没有更好的经历,再加上后来可怕的希特勒,我当时几乎不可能治愈这种德国恐惧症。

但所有这些都在二战后奇迹般地改变了。在自我分析中,我清楚地认识到:这种质变受到阿登那的影响,尤其是受他为之奋斗并得以实现的一切的影响。历史上很少有像战后时期这样的机会,通过投机创造财富:人们只需要有勇气打德国牌。我知道在许多规规矩矩的商人耳朵里,诸如"投机"或"赌博"这种词十分刺耳。尽管如此,我也没有害怕向德国读者承认,我在德国的繁荣和她的国际声誉上押注,判断正确并从中赚到了钱。

把联邦德国的经济重建与金融投机挂钩有许多可能性:购买外汇形式的德国贷款或工业股票,最保险也是最简单的方法是用德国自己的货币投机,也就是说用"冻结马克"。

1948年货币改革之后,银行所有马克形式的外国储蓄都被冻结了。一条非常严格的规定限制了动用这笔冻结马克的可能性:外国的账户拥有者只能用这笔钱投资于德国的有价证券和房地产或新成立的公司。这里涉及的马克数目相当大,而且在现有的资本上再加上利息,还有战争期间积累的息票以及战后德国赔偿损失的新的资金。

当冻结马克不能从一个账户转到另一个账户时,它的使用受到了更多的限制。但投机者并没有减少从国外大银行购买它们拥有的冻结马克。这种购买的先决条件是：冻结马克不被转到买主在德国银行的账户上，而是暂时留在外国大银行和账户上，只是在外国银行的账本里把冻结马克的所有者记录在案。

这种形式的交易是很有限的，直到有一天联邦银行允许把冻结马克从一个账户转到另一个账户，在国外开始了大笔的冻结马克交易，而且价格是12.5美分兑换1马克，尽管官方的汇率是25美分左右。

在美国和瑞士，人们以这一汇率进行了大额度的交易，人们能够以此购买德国的有价证券、房地产和各种各样的其他的长期投资，这为一个具有足够的想象力和勇气的投机者提供了很大的活动范围。我和几位朋友一起，以12.5美分的价格买进了一大笔冻结马克。由于很多其他的人也买进，价格慢慢涨到了14美分，甚至15美分，事情看来有了一个良好的开端。

德国的经济一天天重新崛起，城市被重建，工厂被现代化，同时外国的投资也在增加。大集团，今天被称作多元化巨头，设立分公司，各行各业的国外公司在联邦德国开设分支机构。它们当然以14美分或15美分的价格购买冻结马克，用来成立新公司或扩大旧的分公司。

在一场缓慢的上涨之后，冻结马克一夜之间做了一次飞跃，从15美分升到18美分，这对于一种货币是一个惊人的上涨：几天之内上升20%。但是即便在这个汇率下，投机冻结马克也还是非常有意义的，因为在冻结马克和自由马克之间依然存在着差价。

在这次突然的升值几天之后，我的一个朋友打来电话，他是我在股市投机的忠实伙伴。

"你对联邦银行关于冻结马克的声明怎么看待？"他的声音流露出极大的不安。

"什么声明？"

"在所有的报纸上都能看到，我听起来很不舒服。德意志银行的两位高级官员声明说，冻结马克的升值缺乏任何依据，也根本不符合事实。他们说，虽然在未来的几个月里将对冻结马克的使用赋予更大的自由，但这并不能使其价格有如此大的波动。"

"但这太好了，相信我。"我回答道。

"为什么呢？"

"相信我，我比联邦银行的高级官员更清楚，这条消息太好了。而且我能感觉到你现在很惊讶并认为我自以为是，我再说一遍：我比他们更清楚，你也比他们更清楚，任何一个好的投机者都比联邦银行更清楚。他们发表关于放宽或限制冻结马克的声明，这是他们的工作。但是他们不应该评论汇率，因为这是我们的领域，投机者的领域。投机者的判断不可能和官员一样，不管他们的职位有多高。恰恰由于他们的声明，我对冻结马克更乐观了。"

我的朋友根本不想和我争论。我必须承认,和一个像我这样固执己见的人争论,对他来说也会很困难。

8个月后,冻结马克的汇率达到了25美分,即与自由马克汇率相同。当所有资本都自由时,其作为冻结马克的存在已经结束了。这之前甚至更好:一段时间里冻结马克比自由马克的价格还高3%～5%。

这个汇差很容易解释:很长时间里联邦德国的利息比国际资本市场的利息高。联邦银行想以此限制德国的过度投资和贷款需求(像美联储一样)。因此国际投资者当然对这种债券感兴趣。他们当时只能用冻结马克购买债券,所以对冻结马克的需求量不断增加,它的汇率也相应地高于自由马克,对于投资者来说,用高价买进冻结马克以便得到债券是值得的,而且像我们知道的那样,德国马克成为世界上最坚挺的货币之一。

冻结马克投机是一场经过深思熟虑并巧妙实施的外汇投机,人们首先必须坚定信念,并为其信念而振奋。德国的未来晴朗无云,可获得的盈利空间很大,但人们必须能够等待,直到时机成熟。

事实经常令人出乎意外,冻结马克的例子又再一次表明:对未来具有整体眼光的优秀的投机者,能够最好地判断行情是否过高或过低。官员、工程师、技术人员、经济学家或企业管理人员甚至集团公司的领衔人物，最没有能力对股市的行情做出诊断。

知道得太多会有害处。这与办案相似：虽然证人曾在现场，但他不具备必要的实际知识；专家具备这一领域的科学知识，但他在案发时不在现场，又有什么用呢？一个好的法官不能太专业，也不能太业余，他必须把自己保持在完全客观的中立位置上。好的投机者也一样。

挺住！瑞士法郎

在20世纪六七十年代，瑞士法郎的汇率不到1马克，后来慢慢上涨，1975年法郎的汇率达到了1马克的门槛。许多投机者、游戏者，也还有业余股民，他们其实对货币问题懂得不多。他们认为汇率高得出奇了。我重复一遍：还有什么都不懂的业余股民。我有切身经历，当汇率浮动大的时候，那些无法看透幕后的普通股民总会认为这一大的波动是不合理的，因为他们不懂。

面对汇率的变化，他们不知所措。特别是瑞士的通货膨胀率比联邦德国高，于是瑞士便因此成为世界上物价最贵的地区之一。他们自问：难道这种状况不会导致国家的毁灭吗？这至少会毁掉旅游业和工业。

瑞士人自己不这么看。从国际上看，这个价格是很高的。但他们认为还可以再涨。因为他们坚信其货币的含金量。他们认为：人们不需要庞大的假日殖民地，不需要那些只住汽车旅馆，中午只吃热狗肠的大批游客。有足够多的富人和随员填充豪华酒店的空房。

圣·莫里茨最高雅的饭店曾经计算过，它的5名客人的平均消费相当于100名汽车游客的总消费。

他们有足够的理由保持美丽的风景不受蘑菇般四处滋生的现代化建筑的侵蚀，拯救绿地、森林、山湖和小溪不受污染。瑞士这片位于充满烟囱和垃圾堆的工业化欧洲中央的美丽的花园，应该在最后一刻作为世外桃源保存下来，就像美丽的国家公园。

但是这不仅仅关系到罗曼蒂克情怀和旅游业。战后时期疯狂的经济扩张，使外来工人的数量上升到从业人口的15%，而86万名外籍工人对于650万本地居民来说太多了。这相当于联邦德国有800万外籍工人。在这么高的数字下，周边地区会染上外国人恐惧症。如果意大利人的数量还猛烈增长的话，许多瑞士人认为，有朝一日他们会要求瑞士的提切诺州合并到意大利去，在1940年法国投降后，墨索里尼就曾做过这样的暗示。

所以并不奇怪，20世纪70年代初时主张大幅缩减在瑞士的外国劳动力的《关于外籍工人的公民投票议案》赢得了大约35%的选票，尽管教会、政府部门、经济先导和整个新闻界做了大量的劝说和宣传。当然大多数公民还是很有经济头脑的，但是35%的强大的"少数"必须引起政府深思。

在几年之前，州议员内罗·塞里奥曾徒劳地有先见之明地提出制订一项针对无监控的经济扩张的计划，而且他当时并不仅仅想到的是意大利人。在经济扩张的年代，国家基础设施的补充和扩建，没有得到足够的重视，20世纪70年代中期再想做，几乎已经太晚了。根据一项当时公布的统计，为了完成必要的基础设施建设，工业部门必须为每个工人向国家交纳1万瑞士法郎。

任何事物都有它的极限，制定这一极限的最简单的方法是保持瑞士法郎的高汇率。瑞士法郎的市场以前从来没有这么大，瑞士的国家银行几年来一直能够监督并控制着这个市场。尤其在马克升值之前，瑞士人曾很害怕，因为相对马克更高的汇率会把国际资本的洪流更强地引向瑞士，这些资本已非常强劲地流动着，这都是因为中立的政治立场，完全的外汇自由和严格的银行保密法。

政府和银行认为，瑞士人应该减少从国外聘用工人，而增加资本的流出。前面已说过，由于瑞士国家银行，瑞士在法郎市场上影响很大，它保持着很高的汇率，这是最好的药。不同的问题解决起来便易如反掌了，也包括外籍工人问题，这样就不会有人因为种族歧视而控告瑞士。

这种药虽然不是什么仙丹，但还是起了作用。总之一句话：瑞士法郎的汇率不是外汇技术问题，而是一个人口统计学的、社会学的和经济学的问题。由于这么多的外汇投机者和游戏者没有认识到这个问题，他们坚信瑞士法郎一定会再次跌回 1 马克，所以更多地做空瑞士法郎，做多德国马克。当投机者后来必须再用法郎偿还其卖空头寸时，他们的反应越发激烈。于是在这一偿还的压力下，瑞士法郎涨到了兑 1.25 德国马克，给投机者造成了巨大的损失。

这么高的汇率对瑞士国家银行来说也不合适。在投机平仓之后，它又让它的货币再次略微跌回。

从人道角度来看，人们必须承认，瑞士人在某种意义上也有道理。虽然我自己也是个"外国人"，但我当时与瑞士公民的感觉一样：瑞士人要长寿，瑞士法郎就有必要坚挺。

解剖货币贬值之道

外汇市场上发生的一切是纯粹心理条件下的反应。所有的人都朝一个方向跑。只要有一个人在人满为患的外汇交易所里喊一声"着火啦！"大家便会冲向一扇门，伤亡者躺倒在地，而实际上连一根火柴都没被点燃。外汇交易中怎样会出现突发事故？我想用一个在过去几年多次发生的事态发展来解释。

（1）美国的贸易结算出现赤字，而相反联邦德国的外贸有很多的盈余，于是形成了第一次卖美元买马克的潮流。为了吸收出口获得的马克,联邦银行提高了利息。

(2)马克的高息引来了新的马克储蓄,这是对美元汇率的新的压力。

(3)被压制的美元使企业家和商人害怕美元会贬值而马克会升值。美国的进口商立即储备他们不仅目前的,而且还有未来的德国马克需求,同时德国的出口商同样迅速地以期货方式卖出他们不仅现有的美元债务,而且还有将要得到的出口商品的进款,这些商品还根本没生产出来,更不用说交货了。被卖出的美元数目越来越大,链式反应在继续。

(4)金融机构的美元储户(债券和股票持有人)也害怕了,卖出了他们的有价证券,并把收回的美元抛到市场上,这个数目已经相当于联邦德国贸易盈余的好几倍。

(5)国际投机者闻风而动,成亿地卖出美元,这些美元是他们专为投机而借来的。因为他们相信,他们会更便宜地得到美元。

(6)链式反应发展成了歇斯底里,联邦银行不能够继续接收美元,汇率跌入低谷。

这是一个很小的贬值的故事,发生在1973年的2月,当时美元在一夜之间贬值了10%。

上面所列的6个步骤给美元造成了灾难性的压力。美国当时的财政部长乔治P.舒尔茨飞抵欧洲与他的同事商讨事态发展。他给欧洲人施加压力,让他们的货币升值。联邦德国政府有意满足美国的要求,但条件是法国人也要一起干,马克的单独升值对德国意味着很大的进口优势。而法国正面临大选(瓦莱里·吉斯卡尔·德斯坦是当时的财政部长),所以不愿冒货币升值之险,否则左派在野党会声称政府屈服于美方压力,为美国的利益行事。

后来发生的是一场幕后的阴谋。一家或几家与美国政府交谊颇深的大银行预见到或者知道,如果与欧洲达不成协议,尼克松总统会让美元贬值。

掌握天机的银行在48小时之内卖出了约100亿美元,当时这是天文数目,他们有足够的外汇给联邦银行,联邦银行在最后一刻必须接受这笔数目。在第二天美元贬值了10%,诡计成功,这些银行记入了10亿美元的盈利。

这样的消息10年才会出现一次,但它一般不会传到投机者和外汇交易商的耳朵里。在本书里,我已经写过了两次相似的情况:皮埃尔·赖伐尔,成功地实现了他自己制造的狙击英镑诡计;另外一个法国总理约瑟夫·拉涅尔在法郎上运气不佳,因为他的计划由于财政部长的否决而失败了。

我要给外汇交易商和投机者一个忠告,不要跟着这类消息跑,因为真正的内部消息他们是得不到的,他们也不应该像1976年英镑的那样,让自己被歇斯底里的潮流裹挟,而是应该深刻地思考一种货币的背后是什么，而且他们应该把法国哲学家笛卡儿的名言铭记在心："我思故我在。"我想把这条规则扩展一下，"我思故我投机"。

关于美元对马克的巨大的汇率变化有多么迅速，有时在经济上又是多么没有依据，下面的例子是一个好的解释。

1986年年底，法国法郎被猛烈攻击（大学生要置希拉克于绝境），而国际上的外汇投机商很谨慎！他们期待着德国马克的升值或法郎的贬值，或二者兼顾。外汇交易商成亿地用法国法郎买进德国马克，法国银行有义务兑出马克，但由于没有马克的外汇储备，必须买进价值100亿美元的德国马克，这压制了美元的汇率。对汇率的跌回起决定作用的是一个技术因素，这在经济上是根本没有道理的。

财政部长施多腾博格不愿意承认这种事件的压力，他不同意哪怕是极小幅度的通货膨胀，而且十分自豪于自己在家庭主妇中的受欢迎度，当市面上的土豆又便宜了5分尼时，她们尤其觉得他了不起。而当几个月后她们的丈夫们失了业时，她们肯定不会高兴。施多腾博格先生缺乏远见，人们从他几年前关于美元下跌的评论中就已经知道。他声称：疲软的美元对德国的经济没有影响，原因是向美国的出口对德国来说意义并不大。

只从德国和美国的双边贸易角度评价美元贬值的问题是无稽之谈，人们必须站在更宏观的角度去思考。法国已经拥有了悲剧性的贸易逆差，如果这再导致她削减进口，那么联邦德国也会有所感觉，因为法国是它最大的客户。整个世界，包括联邦德国在内，都从美国的贸易逆差中得利。美国的经济发展和居高不下的美元汇率是世界经济的一大幸事。

当20年前尼克松总统批准了10%的进口附加税时，包括联邦德国在内的全世界的出口国都为之震惊。这种做法减缓了进口的速度，不是对出口和竞争力的兴奋剂。当德国马克升值40%时，对外贸则起着完全不同的作用，因为德国经济的30%靠出口。当我们看到令人失望的经济数据时，也应该想一想，1986年美元降到1.8马克之下并不是经济基本面因素的结果，而是两个技术事件的结果：一个是法国银行对上面所说的攻击法郎的反应；另一个是美国财政部长詹姆斯·贝克警告要日本和德国把货币与经济挂钩，否则美元还会继续跌。为此全世界所有的出口国，尤其是日本，大批地抛售美元。

这是技术因素加投机。因为在经济上，美元的价值在过去和现在都被低估了。而作为当时财政部长的施多腾博格不愿承认这一点。

金制翅膀

经济专家和权威组成了一个两党体制，一个挑衅通货膨胀，另一个挑衅悲剧性的通货紧缩。

他们像被蒙住眼睛的古罗马斗士一样彼此争斗,他们的分析中充满了混乱。很多人有意把一切搞得更乱,以便浑水摸鱼。有一点所有的权威意见一致:大的灾难一定会到来——乐观者判定它会在2~3年之后出现,对悲观者来说它随时都会开始。

分析家经常引用1929年发生的例子,因为类似的症状在今天也在传播着不安。这种症状只不过是表面现象,但它被吹毛求疵地、钻牛角尖儿地展现出来。但是这些还不够,人们还必须知道它的原因。如果一个人头疼,有可能是热伤风,也有可能是其他病症的结果,同样的症状不需要有同样的原因。这种症状在今天是出于一个完全改变了的原因,这个变了的原因,在我徒劳地问过5位国民经济专家、60位银行行长和2000名经济学大学生后,可以用一个词表达,这个词叫作"金本位制"。

当时整个世界和金融经济是建立在金本位制上的。这意味着,当时的黄金储备决定了银行提高或者减低利息,缩小或扩大货币供应量。黄金是货币政治的统治者。雅克·雷欧·鲁艾夫先生(戴高乐时代外号叫"金本位制"先生的货币专家)把这种体制称为"君主统治者",他看守着世界经济秩序。"但是君主的军队在哪儿呢?"我曾在一场电视讨论中问鲁艾夫先生:"执行绝对的通货紧缩,收回国家的黄金?"早在1932年,鲁艾夫就把金本位制吹捧上了天,提起了德国的例子并引用布吕宁/

路德的通货紧缩政策，因为这成功地提高了黄金储备。我们知道，这项政策如此成功，以至于希特勒在一年之后就掌了权。

贵族俾斯麦虽然不是经济专家，但他说过一句绝妙的话："黄金储备就像一条双人被，下面的两个人都试图把被子拉向自己一边。"从1926年起法国就疯狂地把这条被子拉向自己，所以没有剩下足够的黄金给美国和英国的央行，以用流动资金帮助经济和银行。严格地遵守金本位制阻碍了所有的灵活性，人们必须以巨大的代价保护黄金储备，尽管随之而来的是失业、危机和破产。

1933年，富兰克林 D. 罗斯福总统让美元与黄金脱节（英国人1930年就已经这么做了），使得美国所有的金融和银行危机易如反掌地被解决了。

当有些国民经济学者和政客提及金本位制时，我总是想到下面这个例子：只要一个孩子还在学钢琴，他前方就会有一个节拍器，以便用这种滴答滴答声，掌握住弹琴的节奏。如果演出一部大型的交响音乐作品，一个节拍器是不够的。人们需要一位天才的指挥家，就像今天巨大的、问题众多的世界经济需要天才的经理人和政治家一样。

天才并不常有，但有一点是肯定的：由于经济的需要，央行的货币和利率政策今天是不受黄金影响的。最智慧地给黄金价值下定义的人不是哪位国民经济学者，而是一位伟大的、曾获诺贝尔文学奖的印度诗人泰戈尔（我在孩童时期曾见过他）："如果鸟儿的翅膀拴上了黄金，那么，它就再也飞不上天空。"黄金成了一种乏味的商品，它可升可跌，但金本位制已成为过去，经济还会再度起飞。

货币小常识

"一种货币只会死在自己的床上。"这是我还能回想起来的大学时代的唯一一句哲言，其他的一切我有幸早就忘了，所以我没有背上腐朽陈旧的成见的负担。

当然一种货币也可以在自己的床上痊愈。这就是说，每个国家都有其应得的，或者更好地说自己锻造的货币。这个观点与经常被宣传的"一种货币的质量取决于黄金储备量"的论据正好相反，这不过是那些总计划着回到金本位制做买空的专家的基本想法。关于这个题目我可以写上数百页的哲言，但是支持回到金本位制的人们却幼稚而简单地认为，我不配为这一问题做任何实际的分析。我强调"金本位制"作为货币体制，因为这不是说人们应该为投机或投资购买黄金。两者之间没有任何关系。

如果黄金不是一种货币最安全的保障，那么什么才是呢？我将试着言简意赅地阐述我的观点。对一种货币的质量起决定作用的是国家财政和经济的管理。两者都取决于涉及的国民的道德和不道德。

我总结了一下每一种货币所代表的道德、性质和财富。

美元：政治相对稳定，尊重美国的私有财产，高度发达的技术和原材料的富裕，经营者充满活力。

德国马克：政治稳定（至少到目前为止），勤劳、节俭意识和德意志民众的纪律性。

英镑：以前世界帝国财富的残余，世界贸易、国际银行和保险业的中心，航海外加北海石油。

瑞士法郎：几百年的中立，虽然并不绝对，但受法律保护的银行秘密。

法国法郎：几十年积蓄起来的国际投资，法国式的生活方式和品位，法国人的机智，他们虽然没有石油，但是有主意。

日元：工业的完全现代化，工人及俭朴。

里拉：教堂、博物馆和广场；罗马、威尼斯和佛罗伦萨。

荷兰盾：殖民帝国的遗产，大型商船，一味节省的意识和一点天然气。

挪威克朗：北海石油和运油船。

奥地利先令：维也纳的调皮玩笑，帝国时代结束后许多思乡的美国人的支出。

匈牙利弗林特：匈牙利人的狡猾。

以色列镑：散住在外的犹太教徒的捐赠（它最大的纳税人

在国外。)

简而言之,这是所有决定货币地位的性质、道德和状况。保持、维护了道德,货币将更值钱;失去了道德,货币也失去其意义。从长远来看,不是黄金储备支撑着货币,而是黄金会离开失去道德的国家,流入拥有更好的货币的国家。德国马克没有靠一两黄金来制造,却成了世界上最坚挺的货币。

当然命运的因素也起到很大作用,例如发掘出石油或军事战略要地,公众歇斯底里,受投机者挑动,幕后操纵和新闻宣传等。它们虽然对汇率起到很大作用,但都为时不长。

最后是说实话的时候:当管理失败时,黄金保护只不过是一个容易消失的幻想。

监狱还是绿林

很久以来存在着一场争论,是绝对的自由还是国家计划对经济更合适,经济离开科学或科学离开经济还能否存在。这种选择用最绝妙的表达其实应该是:监狱还是绿林。

这两种极端之间的距离很大。每种理论的捍卫者也都有无数值得重视的理由来证明自己的观点,绝对的经济自由应该走向绿林,而后导致危险的政治结果。我承认,如果绿林中有的只是天使或天使般的生命的话,它至少还有些优点。但可惜的是那里也有猛兽出没，它们不仅进攻同类猛兽，而且还伤害无辜的观众。

所以我更喜欢一个强大的国家，她虽然以实用主义行事，却仍然保持着法律和秩序，保护弱小和幼稚者不受强大和聪明者欺负。因为在过去的一段时间里，德国的投资者在自由的借口下蒙受了很大损失。无名的、奇怪的投资基金、石油投资和冒险轻率的期货生意夺走了他们辛辛苦苦挣来的每一分钱。

人们可以在不危及我们体制的三大支柱——自由企业经营、盈利、自由竞争的前提下管理经济，对经济不加干预的日子终于一去不复返了。另外，中央银行总能够以其货币政策有效地进行干预。

国家或国家金融机构适当的干预甚至是受欢迎的，如果（这可是一个很大的如果）这不是出于某一政治目的，那样的话国家会用她的货币、贷款、关税、税收政策给一部分阶层和行业优惠，而伤及另一部分人。这种方法会把一个国家慢慢地引向一个极端，尽管绝大多数选举政府的公民并不希望这样。

保持秩序——是！抓住经济的脉搏——是！借此达到政治目的——不！

当然许多事情是因为自己摇摆不定。多数情况下需求和供给很快会找到平衡。经济史一直在做着周期性运动，这种上下起伏会不可避免地使很多人成为牺牲品，只有一小部分参与者能保护自己。如果所有的人都能保护自己,也就没有上下起伏了。

人们虽然可以精确地测算出涨潮和落潮的时间,却阻止不了它。人们只能保护自己躲开潮汐,采取预防措施。那些在经济生活中能测算出涨潮和落潮的时间的人,被认为有天分、聪明。而过去几年的经验告诉我们:这种人总是很少。

人们必须现实而不能教条。众所周知,所有的理论都是不黑不白、模棱两可的,即使它能得出人们所希望的结论。而在很少的情况下结论是完全正确的,却无法付诸实现,因为它不符合当时的政治和心理状况。当人们知道该做什么的时候,剩下的问题只有一个:它是否可行。传统的货币专家自己承认,绝大多数必须采取的措施都出于政治和社会的原因而不可行,但他们还是为自己的理论做宣传,而同时又说:"此后的事我们管不了!"

简而言之,是放任自由还是计划经济,是国家主义还是金钱主义。很久以前法国诗人阿列克斯·皮隆(1689—1773)的讽刺短诗就对这个问题做了最好的回答:"库林欣赏着他情人的玉腿,一会儿觉得左腿很美,一会儿觉得右腿也很美。'不要犹豫,我的朋友,'她说道,'让我来告诉你,真理在两者之间!'"

期权给我的教训

经常有人问我对期权买卖怎么看。如果这样措辞,那么我不知道这个问题的答案，因为期权交易市场是一种两党制（也跟整个股票交易所一样）：有延期支付者，他们发出期权，还有购买期权的人。人们必须做出决定参与哪一边。关于这些我可以足足写一本书，因为从 70 年前开始，我每一派都有参加，而且在 20 世纪二三十年代交易了上百万的期权（在巴黎、柏林或苏黎世），那时华尔街上的人还不知道什么是期权呢。

有时我赢，有时我输。

期权交易市场是一个大赌场，它在金融市场上还是起到了一定的作用。期权交易促进了投机生意，从而也促进了股票的交易，一个流通的股市是自由市场经济正常运转的一个决定性的前提。成千的期权购买者将推动成千的投资者购买股票，从而在股票的基础上用期权延期支付。为此我想给所有要加入期权交易的人们做一个小小的哲学分析。

期权的买主是一个博弈者，发出期权者是资本家——一个重利盘剥者，他把期权买主不想或不能付的股票完全付清，因此给了博弈者一个机会，在很短的时间内靠行情的巨大变化而获利。期权让博弈者参与游戏，为此要收取一定数目的钱，这叫作"退约赔偿金"或"后悔金"，因为博弈者经常会后悔买了期权。

即使他希望的升值只晚了一天，看涨期权的买主也会输掉他所有的投入。在这里，他虽然在股价发展趋势上投机正确，但操作错了；计划是正确的，而节奏是错误的。

有多少次我自己在期货投机中都判断正确但可惜太晚了。

与其相反,发出期权的人的盈利是有限的,最严重的情况下,他会失去一笔大的行情盈利。而如果期权买主决策失误,他将失去所有的钱,简而言之,期货买主富有想象力,而期权卖主则有钱。

有时人们通过期权也会富起来(在20世纪30年代我曾靠此赚了大笔财富),但是如果人们总是只做期货的话,慢慢会变得力不从心。期权买主要比任何其他投机者都更清楚地知道自己在做什么,因为期权市场的广告没有足够清晰地阐明期权的特点,从而经常造成误会,特别是对新手来说。"期权"这个词听起来也十分让人迷惑,因为期权不是保守意义上的投资,而是一场在有限时间内的赌博。

每一个在诸如跑马或轮盘赌等传统博彩游戏中积累了经验的人,都能知道谁是冷门,谁最有希望获胜。发出期权者就好比跑马赛中最有希望获胜的运动员,或者好比在轮盘赌中尽量多压几个数的人。原理是一样的:机会越大,盈利越小;机会越小,盈利越大。当然在风险和盈利两者之间不存在延期,但这是细节,人们只有在长期经历之后才能认识到。多数被引诱到这种交易中的投资者不具备这样的经验。我常常发现,即使是提供这些交易的专家也不具备相应的经历。

我对新闻中引诱投资者做烂生意的广告十分气愤,其撰文总是很有欺骗性。广告的作者保证，在期货投资中有 100% 甚至 200% 的盈利，而且他们甚至还能提供证明。但是这种期权不是投资，而是"钱的游戏"。压在轮盘桌上，这用来游戏的钱会变成双倍数目，也会变成零。所以声称 100% 的盈利不过是个笑话；正如一个玩轮盘赌的人在一个下午挣了 3 倍的本钱而为此炫耀，也不过是一个笑话。当丘吉尔或瑞典国王古斯塔夫五世在蒙特卡罗的轮盘桌上中大彩时，我自己也在场。观众们鼓掌——不过只是为了让老人们高兴一下。

根据美国证券交易委员会的统计，80% 的期货买主都会损失本金。期货买卖不是投资，而是一张彩票，哪怕所期待的行情上升只晚了一天，买主也会失掉所有的本钱。在这里他虽然在趋势上做了正确投资，但操作错了。

买主输掉的，期权卖方赢回，他们多数（并不是碰巧）与大银行和保险公司是一样的。这些金融机构拥有巨大的股票池，它们不停地出售期权。华尔街上的传说，最大的期权卖主是梵蒂冈。如果能用这种方式得到 20%～25% 的盈利，为什么不呢？当然谁也不能保证。那些用小钱办大事的人，我奉劝他们还是买一些因为高利息或者暂时的经营困难而价格大跌的股票。这会比期权更能赚回 3 倍或 3 倍以上的本钱，而且这还有一个优点：这种机会没有时间限制。

开动脑筋:
科斯托拉尼的股市测试题

你有炒股的天分吗

问题

(1) 股市使你想到哪种游戏?

　　a) 国际象棋　　　　　　b) 斯卡特 (德国 3 人玩的牌戏)

　　c) 足球彩票　　　　　　d) 轮盘赌

　　e) 赛马

(2) 决定买进或卖出时重要的是:

　　a) 对股票的分析　　　　b) 对市场的分析

(3) 我经常以____来评判我的股票。

　　a) 买入时的价格　　　　b) 当天牌价

(4) 在买股票时重要的是:

　　a) 选择品种　　　　　　b) 选择时机

(5) 对短期股市趋势起决定作用的是:

a) 普遍的经济增长率　　b) 行业的经济增长率

c) 利息　　　　　　　　d) 心理

e) 市场的技术状况

（6）对中期股市趋势起决定作用的是：

a) 普通的经济增长率　　b) 行业的经济增长率

c) 利息　　　　　　　　d) 心理

e) 市场的技术状况

（7）对长期股市趋势起决定作用的是：

a) 普通的经济增长率　　b) 行业的经济增长率

c) 利息　　　　　　　　d) 心理

e) 市场的技术状况

（8）我抛售股票：

a) 获小利时卖　　　　　b) 当获大利时才卖

c) 不计得失

（9）我买进股票：

a) 在升值时　　　　　　b) 在贬值时

c) 出于完全其他的原因

（10）我会把低价卖出的股票用高价买回来。

a) 是　　　　　　　　　b) 否

（11）我也会买几乎破产的公司的股票，就像会买状态不好的债券一样。

a) 是 b) 否

（12）当行情在小成交额中升高时，这对市场：

a) 有利 b) 不利

（13）当市场行情虽有好消息但没有立刻上涨时，我会利用这一机会：

a) 买进 b) 卖出

（14）投资时重要的是：

a) 节奏 b) 计划

（15）统计曲线图对什么有意义？

a) 对长期趋势 b) 对短期趋势

c) 两者都不是

（16）炒股人的思维过程与什么人相似？

a) 工程师 b) 商人

c) 律师 d) 企业管理者

e) 医生 f) 政治家

（17）炒股人的两种最好的性格是：

a) 敏感 b) 直觉

c) 灵活性 d) 清醒

e) 想象力 f) 攻击性

（18）炒股人的两种最坏的性格是：

a) 固执 b) 犹豫不决

c）胆子过大　　　　　d）不耐心

e）吹毛求疵　　　　　f）跟着感觉走

（19）对炒股人来说，什么最危险？

a）客观地接受信息

b）错误的信息

c）对错误信息的错误评判

d）对正确信息的错误评判

（20）炒股游戏和投机的区别在哪里？

a）在于有价证券的质量　b）在于节省时间

c）在于相对的数目　　　d）在于思考的方法

（21）股市在普遍提高税收后会涨吗？

a）会　　　　　　　　b）不会

（22）股票会在经济衰退时升值吗？

a）会　　　　　　　　b）不会

（23）一只由大机构一致推荐的股票，我将：

a）买进　　　　　　　b）考察

c）卖出　　　　　　　d）不买

（24）从短期来看，大金融机构的经理的行为对我来说意义：

a）大　　　　　　　　b）小

c）无意义

（25）内部知情人推荐他们公司的股票，我认为：

a）很值得重视　　　　b）不怎么值得重视

　　　c）根本不值得重视

（26）一位长年的有经验但无成就的炒股人的意见，我认为：

　　　a）很重要　　　　　　b）不怎么重要

　　　c）根本不重要

（27）国家政治对股市的影响：

　　　a）小　　　　　　　　b）大

　　　c）根本没有

（28）当我做出了一个决定之后，我将

　　　a）立即行动　　　　　b）再考虑一遍

（29）国际政治对股市的影响：

　　　a）小　　　　　　　　b）大

　　　c）根本没有

（30）人们能赢回输掉的钱吗？

　　　a）根本不会　　　　　b）有时有可能

（31）那些总能在最低价时买进又在最高价时卖出股票的投机人是：

　　　a）消息最灵通的人　　b）有经验的老专家

　　　c）骗子　　　　　　　d）幸运者

（32）我研究股票交易所行情表：

　　　a）每天　　　　　　　b）每周

c）每月

（33）投机和投资是以＿＿为区别的。

a）有价证券的质量

b）时间长度

c）相对数目（对财富的衡量）

d）思考的方式

（34）对已经过去的事情进行分析重要吗？

a）是　　　　　　　b）有一点儿

c）不

（35）投机者可以在什么时候结账？

a）在每笔交易后　　b）每月

c）每年　　　　　　d）永远不

（36）当一场股市暴跌后，所有的征兆都预示着新的转折时，我购买＿＿的股票。

a）股价稳定不变的　　b）跌得较少的

c）跌得较多的　　　　d）暴跌的

（37）世界上最大的电脑生产商IBM状告Control Data公司垄断经营，这对谁有利？

a）IBM　　　　　　b）Control Data

c）两者都不

（38）在那些在北海油田获暴利的公司中，我看好：

a）大的国际石油集团　　b）那些只在北海活动的公司

答案与分析

（1）炒股人必须让他的推论和决定适应随时改变的情况，就像打牌的人要根据他拿到的牌而游戏。股市情况对炒股人可能有利或不利，就像分得的牌对打牌人一样。一个好的炒股人就像一个好的打牌人一样会巧妙地摆脱逆境：牌好时赢得多，牌差时输得少。

　　a）国际象棋　　　　　　　　0分
　　b）斯卡特（德国3人玩的牌戏）　3分
　　c）足球彩票　　　　　　　　1分
　　d）轮盘赌　　　　　　　　　0分
　　e）跑马赛　　　　　　　　　2分

（2）对所有证券起决定作用的是股市的发展趋势。最好的股票在整个股市下跌的时候也涨不起来（或涨得很困难）。相反，当整个行情看涨时，差的股票也会涨，有时甚至比好股票涨得更多。

　　a）对股票的分析　1分　　b）对市场的分析　3分

（3）一只股票用多少钱买来的是过去的事，它不会帮助你判断未来的发展趋势。

　　　　a）买入时的价格　　0分　　　b）当天牌价　　　3分

（4）如果你在错误的时机买卖，买对了一只股票你也会输钱；而如果你在适当的时机买卖，买错了一只股票你也会赚钱。

　　　　a）选择品种　1分　　　　　b）选择时机　3分

（5）短期来看经济状况对股票价格根本不起作用，对利息和行业增长率的影响也仅限于当一些投机者从中得出未来的结论的时候。当买主的压力比卖主大时，行情上涨，反之亦然。市场的心理和技术状况最直接地、无障碍地影响买进和卖出。

　　　　a）普遍的经济增长率　　　0分

　　　　b）行业的经济增长率　　　1分

　　　　c）利息　　　　　　　　　1分

　　　　d）心理　　　　　　　　　3分

　　　　e）市场的技术状况　　　　3分

（6）利息，也就是说资本市场的流动资金决定着供求两者哪个应该更强，利息对债券市场有直接的影响：当债券的红利小时，会有更多的资金流入股市。但这个利息的作用只有在一段时间后才在股市上被发现：中期效应。

　　　　a）普遍的经济增长率　　　0分

　　　　b）行业的经济增长率　　　1分

　　　　c）利息　　　　　　　　　3分

d）心理 2分

e）市场的技术状况 2分

（7）从长远来看心理因素是无关紧要的。谁愿意今天就预见到后天的恐惧、希望和偏见呢？普遍的经济增长率，特别是行业的经济增长率决定着一只股票的质量和未来的红利。谁能预见到一个行业很多年后的发展，谁就能从中得到很多好处。

a）普遍的经济增长率 2分

b）行业的经济增长率 3分

c）利息 1分

d）心理 0分

e）市场的技术状况 1分

（8）人们决定是否应该出售一种有价证券与（过去的）买进价根本没有关系，而是取决于未来的发展，人们必须做出完全客观的判断。

a）获小利也卖 0分

b）当获大利时才卖 0分

c）不计得失 3分

（9）一种股票的涨落并不代表它的未来，买进股票需要有其他的原因。

a）在升值时 0分

b) 在贬值时　　　　　　　0 分

c) 出于完全其他的原因　　3 分

(10) 你的判断必须是客观的，与过去的买卖没有关系。

　　a) 是　3 分　　　　　b) 否　0 分

(11) 一只几乎破产的公司的股票价格反映出的不佳状态，即很低。如果没有最终破产，股价会飞快上涨。"几乎破产"与"复兴"之间的区别比"几乎破产"与"复兴"之间的区别要大，状态不好的债券与此是一个道理。

　　a) 是　3 分　　　　　b) 否　0 分

(12) 当行情下跌或交额小时，买入的股票更保险，因为这些买主一定比那些只在行情上升时买股票的人更有资本实力。相反，当行情上升成交额变小时，你可以得出结论，股票会从资本实力强的手中转交到资本实力弱的手中，这将对市场不利。

　　a) 有利　3 分　　　　b) 不利　0 分

(13) 赶紧抛出所有存货，股市行情不涨是有它的理由的。

　　a) 买进　0 分　　　　b) 卖出　3 分

(14) 如果购买股票是为了做长期的资本投资，无论是今天、明天还是后天，贬值或涨价是无所谓的。

　　a) 节奏　0 分　　　　b) 计划　3 分

(15) 长期，这是炒股人用几十年的经验证明的，请等待。

a）对长期趋势　　2 分　　b）对短期趋势　　0 分

c）两者都不是　　0 分

（16）像炒股人一样，医生需要首先做出一个诊断，由这个诊断产生出进一步的思考。医生和炒股人在做出最后决定之前首先要观察事态。当他们事后发现自己的决定朝着错误的方向发展时，也必须马上改正。而工程师或企业管理者的思维过程是正好相反的形式：它是纯数学的，他们绝对不允许跟着感觉走。

a）工程师　　　　0 分　　b）商人　　　　　1 分

c）律师　　　　　2 分　　d）企业管理者　　0 分

e）医生　　　　　3 分　　f）政治家　　　　1 分

（17）直觉其实是下意识的逻辑加想象力。全靠想象力行事会太危险，灵活性也同样重要，因为当炒股人错了的时候必须立即修正。只有总吃同一堆草的牛才最执着。

a）敏感　　2 分　　　　b）直觉　　　3 分

c）灵活性　3 分　　　　d）清醒　　　1 分

e）想象力　2 分　　　　f）攻击性　　0 分

（18）正如灵活性是最好的性格一样，固执和犹豫不决是最坏的，它们已给炒股人带来了很大损失。

a）固执　　　　3 分　　b）犹豫不决　　3 分

c）胆子过大　　0 分　　d）不耐心　　　2 分

e）吹毛求疵　　0分　　　f）跟着感觉走　2分

（19）错误的信息不比对正确信息的错误评判更危险。得到错误信息的炒股人在进行思考时会很慎重。对正确信息的错误评判是一种错误思考的结果，而且是决定性的思考，而对错误信息的错误评判倒会引致一个好的结果。

a）客观地接受信息　　　1分

b）错误的信息　　　　　2分

c）对错误信息的错误评判　0分

d）对正确信息的错误评判　3分

（20）投机者在做出客观判断后买或卖，他相信自己的股票会出于这样或那样的原因涨或跌。相反，游戏者卖出股票是因为他想盈利，他不考虑这只股票是否还有机会上涨，他看到的只是盈利或损失。

a）在于有价证券的质量　　0分

b）节省时间　　　　　　　0分

c）在于相对的数目　　　　0分

d）在于思考的方法　　　　3分

（21）当政府提高税收时，能在货币市场上更自由地交易。低利息造成多流通，对股市有利。

a）会　　3分　　　　b）不会　0分

（22）20世纪70年代末的股市发展就是一个例子。尽管失业率上升，股市还是休整过来了。也许正是出于这个原因，当时政府虽然贡献不多，但还是加了点油。

  a）会 3分   b）不会 0分

（23）小心——一个金融集团要抛出某只股票。

  a）买进 0分   b）考察 1分

  c）卖出 1分   d）不买 3分

（24）这些经理做数目这么大的生意，这会严重影响行情，但只在短期内。

  a）大 2分   b）小 0分

  c）无意义 0分

（25）内部知情人虽然了解他们的公司，但资本市场的发展与其无关。他们又很少诚实，所以凭经验几乎总该做与知情人的建议相反的事。

  a）很值得重视 0分

  b）不怎么重视 0分

  c）根本不值得重视 3分

（26）成就并不是衡量一位专家的智慧和专业知识的尺度。他能够很好地判断股市的发展趋势和某种股票的机会。而为自己，他未能得利，因为他犹豫不决、前怕狼后怕虎、紧张或不耐心，而且不够坚信自己的观点。

  a）很重要 2分 b）不怎么重要 0分

c) 根本不重要　　0分

（27）利息和税收政策是政府的事，政治潮流（左或右）影响投资者的心理和企业的未来。

　　　a) 小　　　　0分　　　b) 大　　　　3分

　　　c) 根本没有　　0分

（28）经验告诉我们：闪电般的决定经常是最好的。

　　　a) 立即行动　　3分　　　b) 再考虑一遍　　0分

（29）国际时事（紧张或缓和）影响公众的心理，国际发展影响整个行业、国家收支平衡、贸易合同等。

　　　a) 小　　　　0分　　　b) 大　　　　3分

　　　e) 根本没有　　0分

（30）输掉了就是输掉了。新的生意能够带来新的盈利，但它与过去没有关系。

　　　a) 根本不会　　3分　　　b) 有时有可能　　0分

（31）最幸运的人也不可能总在最高价时卖出，在最低价时买进。

　　　a) 消息最灵通的人　　0分

　　　b) 有经验的老专家　　0分

　　　c) 骗子　　　　　　3分

　　　d) 幸运者　　　　　0分

（32）你当然必须掌握信息，但是每天关注股市行情表的曲线会有害于思考，这个行情表会让冷血的投机者紧张。

a) 每天　1分　　　　　b) 每周　3分

c) 每月　2分

（33）一种所谓的投机价值高的股票对于一个投入很少的富有的投资人来说相当于风险投资。相反，当一个小投资者为买一种绝对保险的股票借大笔贷款时，这是要命的投资。

a) 有价证券的质量　2分　　　b) 时间长度　　0分

c) 相对数目　　　3分　　　　d) 思考的方式　0分

（34）如果说人们无法预见即将发生的事情，那么至少应该对过去有正确的了解，这将丰富经验并使未来的思考更轻松。

a) 是　　　3分　　　b) 有一点儿　0分

c) 不　　　0分

（35）只要你还在股市上交易，那么赢来的钱就只是借来的钱。股市是一个残忍的高利盘剥者，你经常必须把借来的钱加上高利息还回。一个投机者永远不许结账。

a) 在每笔交易后　0分　b) 每月　　　0分

c) 每年　　　　　0分　d) 永远不　　3分

（36）股价能稳定不变，肯定有我们不知道的原因。暴跌的几乎没了价值的证券，你也可以购买。

a) 股价稳定不变的　3分　　　b) 跌得较少的　0分

c) 跌得较多的　　　0分　　　d) 暴跌的　　　2分

（37）一个大的垄断公司状告一家比它小得多的公司是对小公司的称赞，它肯定很优秀。

a) IBM　　　0分　　　b) Control Data　　　1分

c) 两者都不　　　0分

（38）对大公司来说开采北海油田的意义很小。

a) 大的国际石油集团　　　0分

b) 那些只在北海活动的公司　　　1分

评论

（1）高于85分：专家。

你已经在股市上经历了许多，并了解股市的所有诡计和陷阱，但不只这些，你也把你的成功和失败做了细致的分析并得出了正确的结论，当股市的行情没有按经济发展态势变化时，你不会（这是一个例子）感到惊讶（外行人总是以其幼稚的观点这么做）。

（2）65～85分：进步者。

你懂得事物之间的关联，能够正确判断事态和趋势，但是你缺乏经验，你也许已获得很大成就，但还没有经历过足够的失败以在惊讶中不失去理智，在成为专家之前，你还须通过几场考验，体验失败的痛苦。

（3）26～60分：有前途的新手。

你对事务的观点还刻板。在失望之后你不知道自己是被哪个栏杆绊倒的，一个新手还无法理解，虽然逻辑总是最终取胜，但股市有它自己的逻辑，所以当事态不像你所想象的那样时，不要指责交易所的投机商，而是要从中学习，也许不久胜利就会向你招手。

（4）25分或低于25分：外行。

你对股市的动态有着完全错误的想象，你想得太实际、太数学、太直接，太少让自己跟着想象力走，金融投机其实不是科学，而是一种艺术，如果你缺乏股市艺术的天分，那么一些简单的投资，例如债券或储蓄会更适合你，或者你也开始动脑筋。

借贷投机

我的亲身经历

经常有人问我，人们是否可以或者应该借钱买股票？我对此的回答是坚定不变的：只有那些拥有财富比借款的数目高出很多的人，才可以借钱买股票。我几乎倾向于说：人们绝对不应该用贷款买股票，除非他是一个轻举妄动的冒险家。当然这也有贷款比例和股票的质量的问题；如果一个人买了 10 万马克固定利息的有价证券，而其中 2 万马克是用贷款，这不是灾难，或者一个人在 30 万马克的有价证券中有 10 万马克是贷款，但同时拥有 100 万马克的地产，这也不是罪过。每个例子都必须单独进行审查。

为了证明贷款买股票多么危险、有害，甚至酿成悲剧，相反一个不欠债的投机人会拥有多么大的力量／优势，我想从我们众多经历中选引几个尤其有特点的例子。

20 世纪 50 年代中期，纽约股市发展顺利，而且新兴工业企业，比如电子企业，看起来尤其富于想象力且前途无量。于是我用自己最后的一点美元购买了电子股和相似的股票，当我投入了我的全部所有后，还继续借贷购买，我充分利用了最大的借贷。

当时的美国总统是艾森豪威尔，他虽然是战争英雄，但没有其他天赋。他在美国公众心目中的形象是完美无瑕的。美国公民对其总统的信任度是华尔街良好气氛的最重要的原因之一，我们面临着一年后的总统大选，人们100%肯定艾森豪威尔将军会再度当选。整个华尔街都这样认为，那么为什么不也在股市上利用他重新当选的胜利呢？人人都持这种态度，我也不例外。

就在这时发生了危险的意外：1955年，艾森豪威尔总统心脏病发作，第二天纽约股市上的所有股票跌掉了10%～20%，由于我是借钱买的股票，我必须马上抛出一大部分股票，这很痛苦，但在股票经纪人追索保证金之前，这是"必须"要做的事情。

由于公众失去了艾森豪威尔再度当选的希望，危机降临了，怎样在没有艾森豪威尔的情况下大选是一个大问题。而问号在股市上总是一个捣乱的因素，不论公众还是胆战心惊的游戏者，都没有足够的精力，在一场意外的事件中勇敢面对问题，哪怕是一件意外的好事。再加上大多数人根本没有能力判断，对股市来说什么是好什么是坏。

在这种情况下,所有胆小的人和所有借贷款买了股票的人都要尽可能最快卖出,后者甚至是被迫这么做,最开始的危机引发了一个向下的链式反应。

几天之后,艾森豪威尔的健康状况有所好转,他能够竞选的希望又回升了,股市平静下来,行情也又开始上涨,并且涨到比这次不幸事件之前的水平还高出许多,在后来的几年里股票价格达到了轰动的地步,有时甚至是原价的 10 倍,但这对我来说太晚了。

如果没有欠债,人们怎样能渡过这一难关,应该看下面的例子。那是 1962 年的 2 月,我又一次大批买进,这回是巴黎股市上的法国股票。但这一回是全部付清的,我不欠别人一分钱。这正是法国和阿尔及利亚交战期间,当时的法国总统戴高乐将军本想放弃阿尔及利亚,但他必须在政治上见风使舵,因为当时在阿尔及利亚问题上的公共舆论分歧很大。正在这时又发生了一个大的意外事件:四位法国将军在阿尔及利亚起义,反对戴高乐。这对法国公民来说是一个令人震惊的事件,也许是战后法国最大的事件,将军们怕戴高乐要放弃阿尔及利亚,他们坚决不愿接受,晚上巴黎笼罩着十分恐慌的气氛。

第二天我没有去股市,我想保护我的神经,不想看到我买的股票跌下去。

取而代之，我去了我最喜欢去的餐厅"杰茨·路易斯"（一家国际著名的捷克美食厅），那里是当时著名的影视和新闻界人士聚会的地方，我开始研究菜单，不去想股市。

碰巧一位股市同行来到餐厅，震惊地向我报告股市上出现了什么样的危机，一场真正的血浴，跟所有财经小说中描写的一模一样。

"哦？"是我的回答。我十分平静地享用我的午餐。

我坚信戴高乐在这场权力争夺战中会是胜利者。

对我来说股市上发生的事情不过是一天的事，它会随着时间被遗忘。如果我去了股市，肯定会出卖我自己。我能够享受这种奢侈，在这样的一天不去股市，正是因为我不欠债，股市令人不快的这几个小时我是在一家好的餐厅度过的，股市收盘后的一个小时我得知，股市行情有所转机，人们已经把损失掉的一半又收了回来。

晚上戴高乐做了他著名的电视讲话，他呼吁亲爱的法国公民都支持他，四位不忠实的将军放弃了计划，一切都被忘记了，不仅在政治上，也在股市上，危机成了只能存活一天的飞虫，多亏我拥有的是未借贷款的股票，我对恐慌气氛有免疫力。

如果我欠了钱，我整个的逻辑也会变得不正常，因为我的大脑会因为欠债引起的恐惧而做出完全不同的反应，其代替了安静地想一想，戴高乐和全体法国人民的反应将是多么肯定，我会违反自己的戒律，被恐慌撕碎，那么损失将很大。

我的基本要求是：宁愿拥有已付清少量的负债累累的公司的股票，也不要拥有一家声名卓著的大公司的，用贷款买来的，大笔一流股票。拥有少量的已付清的股票，人们可以长期等待其上升运动。而人们会在小盈利的情况下便卖出大笔用贷款买来的股票。

我的一个同事和我有一次出于同一个想法买了同一只股票，我买了100股一次付清，他贷款买了1000股，我安静地持有这只股票两年，得到了200%的盈利。我的同事在一点小利下便很快抛出，因为他贷了款，所以必须非常小心。

虽说人们不冒险便不会在股市上赚钱，但是如果人们投机于股市较稳定的趋势（流动资金＋心理＋经济），而不是用贷款买一流的股票，就应该购买一些负债很重的企业的股票，这些企业由于不良的经济状况和早期的高利息而陷入困境，但这些股票要付清。另外，应该购买期货，但总要想到，有时投入期货的所有的钱会全部损失掉。

一小时内失去一切

下面的例子会告诉我们，清算一只用保证金购买的有价证券有多快和多残酷。

1923年的德国，在马克稳定之后，德国货币得以长时间的喘息，直到布吕宁/路德政府实施对外汇的管制。而这期间，在阿姆斯特丹发生了一场外汇交易商的特大悲剧，他们在那里做了大笔的外汇期货生意，当时德国马克与荷兰盾稳定在一个固定的比价上，当然存在着一个小区间，两种货币能够在这个空间里相互转换，这个区间宽度大约是2%，我们假设100马克相当于100荷兰盾，那么马克可以在99～101荷兰盾之间徘徊。如果马克的汇率回到99荷兰盾以下，德国银行就必须干预并买进马克。相反，当汇率高于101荷兰盾时，荷兰的中央银行就会被迫买入荷兰盾，这就像今天的欧洲货币体系（EWS）。

这个区间对外汇商来说是"神圣的"，因为根据法律条文，马克不许低于99荷兰盾或高于101荷兰盾，而由于两国的货币市场之间存在着4%的利息差异（在荷兰的利息比在德国低4%），因此人们可以在阿姆斯特丹以98荷兰盾的价格买到马克，交割期为3个月。

这是一笔很简单的生意，尽管马克的汇率是99荷兰盾，人们以3个月的交割期、98荷兰盾的价格买入10万马克，现在人们只需熬过这3个月，然后把马克卖出，在最坏的情况下也能卖到最低价，即99荷兰盾，最少有1000荷兰盾的盈利吸引着人们。为这个生意，客户在他的银行经纪人那里只需押上3000荷兰盾，最多5000荷兰盾，却能够做平均10万荷兰盾的交易，保证金只在理论上有必要，因为根据协议，马克汇率不得低于 99 荷兰盾。

外汇交易商是这样计算的：用最多 5000 荷兰盾的投入资金，每 3 个月可以得到 1000 荷兰盾的利润，这相当于 3 个月 20% 的利息。这段时间过去后，他们又重新以这笔款项买进后面 3 个月的马克，这个交易每个季度重复一次，这意味着高于 80% 的盈利。

难道这不是一笔出色的交意？"喀巴特人"，人们这样称呼外汇交易商，因为他们多数来自东欧，并把在银行经纪人那里的保证金作为资本投入而收取红利，80% 的利润能让他们生活得很好。

而这时晴朗的天空出现了闪电，出现了无法预料的事，对此人们总应该有思想准备，但很少有人这么做。

1929 年年底到 1930 年年初，德国与战胜国的战争赔偿谈判在巴黎的乔治五世饭店举行。法国彭加莱政府表现得十分强硬。法国人不仅出于物质原因（他们声称法国的城市受到了最严重的破坏），也出于政治上的考虑，尽可能多地索取赔偿。法国意图彻底削弱德国，解除其政治权力。

相反，英国人的态度则缓和许多，他们的国家也没有很多战争损失要赔偿，只是战争支出很高，另外英国没有兴趣让法国强大起来。作为唯一的大陆强国，法国与英国之间历史上的竞争又再度重现，这是一场艰难的谈判。

人们再次期待着法国修改对索取战争赔款的最终数目的建议，法国政府绝对不会降低这个数目，而这个建议太强硬、太刻薄，以至于英国首相菲利浦·斯诺登（后来的斯诺登勋爵）盛怒之下拍案而起："这实在太可笑了！"会议在这一极不外交的举动下不欢而散，阿姆斯特丹也出现了慌乱，德国马克跌到限下的好几个点，买入马克的交易商被"强行平仓"，因为那5%的保证金已被耗尽。

48小时后马克又找到了它的平衡，马克汇率处于它应在的位置，但可惜太晚了，多数"喀巴特人"失去了他们的全部资金，因为他们早已把每季度20%的红利耗光了，我认为很少有人今天还能回想起这段历史，但斯诺登勋爵"荒诞可笑"的话成了家喻户晓的名言，甚至在讽刺剧中出现。

我的朋友莱西·库克斯（一位出色的外汇套利者）也经历了类似的不幸，在20世纪50年代他做着大笔的英镑与其他许多国家货币间的套汇交易，虽然这属于套汇常识，为保险起见大宗交易不要拖到隔夜的第二天，应该在当天完成，但对海外生意来说，这并不总是可能的，有一个晚上他留下了一笔没有平仓的交易，第二天爆发了英国、法国对埃及和其他国家的苏伊士战争，英镑汇率一跌到底，而莱西·库克斯当时任职的公司失去了偿付能力。

通货膨胀是国家的明智行为

在古老的奥匈帝国时期，皇帝弗兰茨·约瑟夫有时也访问匈牙利的一些小城市，接见高官显贵，并提出同样的问题："市长先生，今年的收成怎么样？"有一次格录市长被问到，他给了如下回答："收成很好，陛下，但是没有一点暴利我们无法生活……"

如果是在今天，格录市长必须说："……没有一点儿通货膨胀我们无法生活。"而且这也许是事实，因为如果没有适当的通货膨胀，今天自由世界的经济将会窒息。

世界经济需要这种兴奋剂，就像人类的性高潮有时需要一点酒精、咖啡或尼古丁一样。为什么？因为所有的国家、城市、大小企业、建筑巨头和商人都欠着债，以至于他们如果没有"一点儿通货膨胀"就永远不会被其债务解放。

担负这类高贷息的巨大债务的人从一开始就抱着一个希望：物价会继续上涨，如果不这么做，整个世界都将破产，就像沙漠会突然毁掉开满鲜花的田野一样。今天对这种借债是否正确做出哲学评论已为时过晚，那已经发生了，而且也许根本没有其他可能。

如果通货膨胀降到零以下，成百万的债务人就无法保证履行其义务，如果债务人垮下来，那么债权人也就差不多完蛋了，人们只需想得实际一点，其他的一切都是虚伪的。

就像那时施莱辛格先生领导下的德国银行所做的那样，如果政府拼命压制通货膨胀，20世纪20年代的历史将是毁灭性的，美国总统赫伯特·胡佛的通货紧缩政策造成了世界史上最大的经济崩溃，在德国，海因里希·布吕宁总理和他的国家银行行长汉斯·路德通过其约束性的金融政策甚至把希特勒推上了台。

第二次世界大战后，美国总统艾森豪威尔首先造成了经济的再次衰退和失业，英国首相爱德华·希思主观臆想的稳定政治使得英国工党获胜。

简单地说，通货膨胀是一大弊端，但与通货紧缩相比，它是一个较小的弊端，通货紧缩最后必然导致国家资本主义。

商人的通货膨胀精神紧张症和公众的歇斯底里，也同样糟糕和危险，每次通货膨胀期间，公众中的慌乱气氛总是使我想起蜂窝被捅时蜜蜂的表现。蜜蜂也是节俭的象征，当蜜蜂储存其节省下来的一切的蜂巢被摧毁时，它们会变得歇斯底里，它们疯狂地嗡嗡地飞来飞去，不仅用刺蜇他人，还因此为自己的死做好了准备。

储蓄者也完全一样，由于他们害怕会失去所有的储蓄，他们急得团团转并寻找救星。他们什么都买。每条街上都隐藏着一个不负责任的、唯利是图的人，他们提供更完全的资金来巧妙地度过通货膨胀。这些唯利是图的人常常是没有经验的投资顾问，他们给储蓄人建议的不是适合他们的储蓄方式，而是把他们引诱到能让自己赚最多钱的投资中。

那么故事的结尾是怎样的呢？像莫里哀所说的那样："病人不是死于疾病，而是死于人们给他的药。"

这种对待通货膨胀的方式一定要改变，而且绝大多数政府也表现出他们会对此严肃对待，就像在许多病状中为了治好病，首先要人为地升高体温一样，在通货膨胀这一病状中，也必须把利率向上调整，这是一个有效的方法，尽管短期内会很痛苦。

投机界当然表示惊讶，因为很多年来它看好美元的不断下跌和物价的飞快上涨，整个世界都持有美元债务，并且坚信这一亿又一亿的巨大数目会以一个极低的汇率被偿清，而且会越来越低，全世界的企业都首先申请美元贷款。

我还记得一个有趣的例子。大约10年前，当美元汇率跌到大约1.7马克时，我接到了来自东欧的一位著名外交家的电话，我和他是多年的朋友，他第二天要来巴黎，而且务必要见我10分钟。

由于我时间很少，我们约好了在第二天。

他见到我就马上说："科斯托拉尼先生，我需要问您一个回答，请用'是'或'不'回答我的问题，现在人们是否应该用美元买回马克？"

我对此的回答不是"是"或"不",而是:"我不知道,但我想问您一个问题,您为什么一定要知道这个答案?"

"因为我们得到了一笔 5000 万美元的贷款,这笔贷款我们在 6 个月后才用得上,我们想,我们可以在此期间买入德国马克,而从中盈一点小利。"

"在这种情况下,"我回答说,"这是不允许的。如果您今天欠了美元债而在 6 个月后需要还这些美元,那么您不许用它来投机,这将是纯粹的赌博,欠了美元就是美元,因为什么都可能,美元能上涨 30%,它也能跌得更低。"

后来发生了什么呢?美元在后来的 6 个月上涨了 30%,我的朋友很感激我,他的国家差点损失了一大笔钱。

很多欧洲企业在美国大量投资,用的却不是自己的货币,而是借来的美元,每个人都最大限度地利用自己的贷款能力,在这些债务上又加上几千亿的用于商品投机的贷款,因为购买期货无非以黄金、铜、橡胶、糖、胶合板等为形式的债务。

也许正是这种形式的投机买入要对通货膨胀率的几个百分点负责任,投机狂热的极点是针对美元的外汇投机,投入其中的数目简直无法估量。

无节制的商品和货币的投机激发了美国进一步的通货膨胀,并输出到其他国家,如果黄金涨价,人们还买铜、橡胶、糖和其他一切,例如在 20 世纪 80 年代初的法国,作为黄金投机的结果，顶尖地段的房租和地价在一年之内上涨了50%。

针对这种胡闹的严厉方法是调整利率。1987年秋天，格林斯潘先生提高利率，就是打击投机的又一次尝试，投机者必须受到惩罚并交付更高的利息，全世界的货币投机者都接受了这一信号，它甚至起到了震慑作用而引发了1987年10月的"黑色星期一"，通货膨胀的危险还在许多人的头脑里存在，通货膨胀的愿望还在许多人（货币投机者、懒惰的债务人等）的心中根深蒂固，这里再讲一个犹太笑话。

火车乘客中也坐着我们著名的孔恩先生，他不停地叹惜："哎，我真渴，嗨，我真渴！"在下一站，一位乘客拿来一瓶啤酒递给孔恩，太感谢了，孔恩一口气喝个精光。

火车继续前行，孔恩又开始了："哎，我曾经那么渴，啊，我曾经那么渴！""够了，"另外一个乘客气愤地喊道，"您已经解渴了。"而孔恩继续抱怨："是的，但我还将会多么渴。"

我曾经为通货膨胀下了这样的定义："它是一场舒适的温水浴，但是如果人们一直加热，浴盆最后就会爆炸。"在下一次爆炸中，首先受到伤害的当然是坐在浴盆里的人。

投机的力量

每当我以批评的态度看待那些政客，甚至在任的部长或中央银行负责人的解释和声明时，总是发现他们极少考虑投机的力量，他们根本不知道投机对货币汇率的变化有多大的作用，投机能动摇甚至破坏政府的决定。

我还记得很多年前，当金价被当时的黄金生产国（在瑞士大银行帮助下的南非政府）操纵时，一位德国财政部长声明，人们必须看到"现实的"市场价。在他眼中，伦敦交易所刚刚宣布的被操纵的价格是"现实的"，真是无稽之谈！操纵后的汇率怎么能够被称为"现实的"？现实的价格只能是通过真正的供求关系而形成的，而不是靠人为造成的需求而哄抬的价格。

资本主义制度是一台巨型机器，它的各个齿轮非常精细地交错运转着：经济、社会、外交或战争政策、利息、货币发行量和汇率。这最后的一只轮子尤其被疯狂的货币投机所驱动，以至于经常失去控制，可惜在自由世界里人们对此无可奈何。尤其是直接影响到物价的黄金投机在此起着巨大的、毁灭性的作用。唯一的我从他那里听到了关于黄金和物价的关系的明智言论的人，是纽约商品交易所的黑人门卫。他在游廊里一边对我说，"您看，先生"，一边指着巨大厅堂的一角，那里一组一组的人正交易着不同的商品，"您看，先生，这个角落正进行着黄金交易"。那里大约有100人在打着手势互相高喊做着黄金生意，"如果那儿的黄金涨了一两个点，投机者便会扑向所有其他的原材料，同样哄抬其价格；如果黄金跌了，他们也卖掉其他商品"。这位黑人门卫说得真有道理,黄金是商品队伍前的帅旗,而其他的一切都跟着它走。

  金融界政客或中央银行负责人也同样让自己受这种气氛的影响,也和公民一样有大众心理,而外汇博弈者则为政客的声明伴以歇斯底里的上亿美元、日元或英镑的交易。他们买、卖,又再买,这不是他们为了国际贸易或投资所需要的外汇,而是为了能在一天之内甚至一小时之内捞取汇差,或者经常是损失汇差。政客和外汇交易商就是这样相互作用的。

  像常说的那样,为了用他们银行的百万资金做游戏,商人的手是空的。1976年在英镑大跌的慌乱之中我写道:"英国的储备比外汇交易商能想象的要大,尽管苏黎世的金融圈已埋葬了英镑,尽管不列颠雄狮失去了牙齿,但它的心脏还一直在跳动。"

  正是那些当时绝望地成亿地卖出英镑的外汇交易商,在一年之后又把它成亿地买回来。结果是,一年前还四处求援的英格兰银行的外汇储备上升到了180亿美元,并位列世界第三位。这也证明,从事投机的商人从来不思考,也许也从来不懂,而且从来不知道什么是"货币"。尽管如此,他却傲慢地发表意见,并像鹦鹉一样重复着不负责任的评论。

  一句俗语说道:"瘦死的骆驼比马大。"这就是说,今天俭朴无名地作为难民生活在苏黎世的贵族艾斯特海茨,还是比多次成为新闻人物的罗斯柴尔德富有。

在各国的社会等级阶梯上，英国相当于一个贵族家庭，它拥有比外汇交易商能想象的更多的外汇储备。他们1967年押注在英镑的彻底垮台上（尽管他们要每年交纳高于30%的利息），却忘记了一条老的交易所规律：当所有的游戏者都投机于一件所谓万无一失的东西时，他们几乎总会失败。

金融市场极其险恶，总是发生一些令人惊讶的，即与人们的期待正相反的事。在"不变汇率"中押注于过低货币的升值或过高货币的贬值，几乎一直没有危险，但是在浮动的汇率中，一次过大的外汇投机会以一个极危险的反弹而告终，尤其是当投机造成汇率低于国家经济基本面和储备相应的价格时。1926年的"法郎大战"、20世纪80年代的美元升空以及其他的实例，都表明外汇投机者的生活是多么危险。

控制债务

所谓的债务危机

20世纪80年代初,西方的大银行想出了一个令人惊讶的主意:他们开始仔细审查国外债务人的贷款信誉。结果是,第三世界和第四世界国家没有得到新的贷款,从而不能或不愿偿还旧的债务,于是那些过于大方的放贷者也陷入狼狈境地,对于每个清醒并客观地思考问题的人来说,这早就是可以预见的。

时任法国总统吉斯卡尔·德斯坦当时刚提出"南北对话"的概念,在债务危机正式爆发几年之前,我对此进行了详细的分析和论述,而且发表在1977年8月的《资本》杂志上,下面是1977年的原文:

这个南北对话是对"南北对峙"的外交改写,或更准确地说:南西对峙。这一对峙的原因是第三世界和第四世界国家进一步激进地要求提供财务支持。

这些要求超出了工业国家能力所允许的范畴,会对西方公民的生活水平产生很大影响。

尽管债务堆积如山，南方国家对西方并没有做出哪怕一点点承诺，这使我又一次想起了我的青年时代。

一个常年向我借钱的好朋友尤西有一天预感到，他在我这里的贷款已经到头了，他用可怜巴巴的颤音向我解释："我知道，亲爱的安德烈，我已经欠了你5000法郎，我也一直想着还掉这笔债，因为，你看，这是利息！"这一无力支付的声明至少在他眼里足以作为偿还能力的证明。

尤西是个混混，他把自己的朋友当成纳税人。但是他的例子是那么有趣和那么富于教益，以至于我愿意交这笔税。

南方国家连我朋友的这点高雅的姿态都不愿做出，当他们用再借来的钱付利息时就更是如此。

今天为第四世界不断争取支持的西方国家的政客，应该在脑子里过一遍这些数字，然后他们就会认识到，这些国家的债务——大约5000亿马克，加上1000亿马克的东欧债务，是世界通货膨胀的一大部分原因。

至于这笔钱是贸易贷款还是金融贷款，都无所谓，因为反正不会还清，数目巨大，还债是不可能的。

南方国家从工业化国家进口了价值6000亿马克的商品，而每一次单向的供货都造成了通货膨胀，借口说这种出口可以支持劳动力市场，如果这不是政治谎言，便是无稽之谈，这笔巨款将以西方社会的产品输出方式送给南方国家，这意味着通货膨胀。

唯一的治愈方法是通过合理的自动化安排而形成更高的经济效应，但是这需要大量的投资，而投资又会起到通货膨胀的作用。

为了给南方国家更多的西方产品，必须暂时大幅度降低西方的生活水平。工会成员、农民和所有在西方靠工作为生并有选举权的人们，是否顺其自然地同意这么做，这是一个决定性的问题。

我再说一遍，对于债务人来讲，找到对的债权人很重要。作为金融家，要找到合适的债务人。第三世界、第四世界和社会主义国家应该选择那些真正能够帮助她们的债权人。

当债权人变得胆怯和不负责任而不愿意继续提供贷款时，就会找借口收回贷款，对她失败的朋友说："你瞧，科恩，为什么我们要闹翻呢？如果你以后无法把钱还给我们，我们只能生气，还能做什么呢！"

现在的银行管理人员还是没那么聪明，需要听取我提前预警，劝阻他们不要放款。大家都知道，如今确定适用于第三世界和第四世界的贷款标准，仍是银行的头号难题。人们无法确定那些最大的贷款国家（墨西哥、巴西、阿根廷）会不会破产。（我也想知道如何定义主权债务违约。）这些国家只是出现了现金流动性问题,而且此种情况还会持续一段时间。尽管拥有巨大的财富(例如墨西哥,根据地质研究,其石油储量比沙特阿拉伯还丰富),但是口袋里没有现金,而且经常是该国的富人把钱投到了国外。

我知道在过去的奥匈帝国时代,贵族和大地主有很多财产,但是口袋里没有太多现金,无法在一天时间内还清打牌欠下的钱。我也知道那些玩轮盘赌的人,如果不找别人借钱的话,在绿色桌子上放的筹码就是他们全部资金。

第三世界的债务国也是如此。资本和资产与口袋里的现金是不同的。(这让我想起了彼得·阿尔岑伯格,被称作咖啡馆常客的著名的维也纳波西米亚人和作家。一天他写信给自己的兄弟:"请寄给我1000先令,我会从银行账上还钱给你。")

发展中国家的债务问题总是被媒体夸大其词,许多人(工匠、出租车司机、教师、学生和经济专家)都问我,如果这些国家无法偿还债务的话,该怎么办。这个问题已经不合时宜了,现在已经很明确:这个债务要么无法还清,要么就别老是惦记着"何时"和"将会"这类说法。

我最喜欢回答这样的问题。如果你问我下面这两个问题:"您是怎么想的?您认为可能会发生什么?"我不会给出答案,因为毕竟什么都没有发生。确实什么也没发生。

贷款作为礼物给予第三世界国家当然是很好的,因为这是政治贷款。债权银行（全球有50～60家）只能将偿还要求无限期延长或者注销。企业最终只能借更高利息的贷款，而存款的利息也越来越低。存贷款利息本该有的较大息差也会逐渐收窄。随着未偿还债务的增加和通货膨胀，资产会在30年后消耗净尽。

这些贷款被完全冻结了。但是对于债权银行来说，这件事并未了结。在他们背后还有一个国际银行系统——"中央银行联盟"。这不是个新事物，已经存在30多年了，如果不这样强调一下，就不会让大众安静下来。

正是这些决定了我们的生活标准，如果这些出问题的资产不存在的话，我们的生活水平就会更高。这样说是否正确，是另外一个问题，而且与政治有关。我知道，为了预防火灾损失，我们应该购买保险。这个世界上之所以存在"坏人"，是因为有人伺机在社会矛盾中牟利，制造动荡和混乱。

所以，无须恐慌！会计师应该负责将资产负债表各个科目的账目做好，这就是我一再说要找一个好的债权人的原因。发展中国家确实已经找到了这样的债权人！

我的第二个问题要问那些经济学家，这个问题比较刺激："如果发生了奇迹，债务国一次性用现金偿还了所有欠债，那时会发生什么情况？"我们大胆地想象一下，这些债务国发现了黄金和白金宝藏，现在他们想履行所有承诺了。这个问题自然是没有人预料得到的，所有人都沉默了，现场气氛令人尴尬。我只能自己给出这个问题的答案：很快就会发生一个重要的并发症状。银行突然收回了原来冻结的贷款，口袋里多了大约1万亿美元的现金。他们会怎么做呢？他们必须找到新借款人，把这笔钱贷放出去，哪怕是给那些看上去不太靠谱的借款人。商业投机家将会获得数十亿热钱，将其用于各种投机生意，从而导致恶性通货膨胀，物价和工资大幅上涨。

也许人们会把几十亿利息白送给苏联或东欧国家，而这些国家的经济因此得到缓解，他们的钱可能又会再次投入军备竞赛。在这种情况下，签订和约是没可能的，只有军事开支产生的强大的压力，才会迫使苏联人回到谈判桌前。里根总统就是采用这种方法让苏联签署了削减导弹数量的协议。

有点怪异的是，发展中国家没有偿还贷款，而它们的状况却变得更糟了。

这让我想起了一个笑话：大量犹太人被强迫去劳作。犹太社区从此变得繁荣兴旺，没有人想离开那里，这反而变成了一件好事。一个离开这个社区的人被人们看作笨蛋。随着时间流逝，这个顽劣的人也越来越谦虚了。他是这样说的："我就要回去了！你们会发现，谁能为你们做好事！"

上面就是我在1977年发表的那篇文章。

科瓦茨式的破产还是萨博式的破产

奇怪的是,正是那些一段时间前煽动美元混乱的职业捣乱鬼(通过让美元大量上市而造成其贬值),今天大喊"着火啦",因为很多债务人无法偿还这些无价值的"变成废纸"的美元。他们害怕国际金融体制会彻底崩溃。但是像我一直所说的那样,这些捣乱鬼会碰一鼻子灰,因为这种崩溃是不会到来的。国家破产、利息灾难……这都是空谈!

我虽然承认,一些国家欠债过多,如果人们需要做一个平衡预算的话,审计的人也许会摇头并拒绝在上面签字,但是谁让我们一定要听从他们呢?那些审计的人是财经记者或所谓的经济专家吗?做一次严肃的收支平衡计算,人们还必须对债务背后的财富和储备进行估价,而这个数目大而且重要得不可想象,还要加上所有的基础设施、原材料贮备、实验室、尖端技术和工业能量。或者所有这些都不算什么?对原先东欧国家的收支平衡表,人们当然也可以发表一些居心不良的言论,它令人惊讶。

人们把西方和东欧的情况做比较和假设,不仅仅是东欧,而且西方也破产了。(根据经济管理学者及类似的专业人士的意见!)我情不自禁地想用我两个同学的故事来解释它们的区别。

年轻的科瓦茨是一位富有的企业家的儿子,他受到了很好的学校教育,随后加入了父亲的企业。他不断地扩大这个企业并逐渐建起了一个大型集团。但是有一天他的企业破产了，当我听到这个消息时，我很同情他，但是几个月后我又听说，尽管他破产了，但还一直住在他戛纳的别墅里，开着劳斯莱斯四处兜风。

我的另一个朋友萨博是一位俭朴的教师的儿子，为了让儿子将来成为精明强干的商人，他对他进行严格的教育。萨博用父亲省吃俭用存下来的积蓄成立了一个公司，由于他能干而且夜以继日地工作，小公司不久就变成了大企业。可是他出于某种原因不得不宣布破产，但是他真的一无所有了，以至于向朋友借钱，而且再也没从破产中缓过来。

西方国家是科瓦茨式的破产，东方国家是萨博式的破产。有这样和那样的破产，这里我只能和法国人一起说："差别万岁！"

一位有头脑的律师

就像下面要看到的那样，好的想象力能对债务的处理给予极大的帮助。

在我年轻的时候，一位律师为了巧胜银行，想出了一条绝妙的主意。他的名字是卡尔·奥特沃斯博士，他也许是当时匈牙利最著名的律师。他给我（当然是几十年之后）讲了下面的故事：

一位布达佩斯大银行的省分行职员，来自一个生活优裕但并不富有的家庭。他是个赌徒，由于嗜赌成癖，他先是输掉了自己的一点积蓄，后来又从收款台一点点地贪污了两万基尔德（相当于今天大约40万马克）并将此巧妙地隐瞒下来。他像许多赌徒一样坚信，有一天会爆出冷门中大奖，并偿还他贪污的钱。他还不知道我的名言，我一直在投机者，不论是股市、纸牌还是赌博的游戏者面前这样讲："赢是可能的，输是必然的，赢回来是办不到的。"

到了年底宣布要进行严格审计时，这个年轻人慌了，他仿佛已看见自己被抓进了监狱。他跑到他们家的律师（奥特沃斯博士）那里忏悔了一切，甚至提到要自杀。律师思考了一下问道："既然您把这么一大笔钱不知不觉地贪污下来，您应该还能再从收款台拿出钱来吧？"

"没有比这更容易的事了，律师先生！"

"那么您尽快拿来2万基尔德交到我手里！"

10天之后年轻人带着钱出现了。"现在您走吧，别自杀！"

然后律师来到银行的董事会，用十分悲痛的方式报告，年轻人贪污了4万基尔德，现在要自杀，激起的反响很大，董事会以丑闻和刑事检举相威胁。

"别这么快，我的先生们，"律师安慰他们，"他的受人尊重的家庭一定会竭尽全力维护自己的名誉！"10天之后他又来到董事会报告说："他的家庭非常震惊，为了拯救儿子和名誉，他们什么都愿意做，但是他们并不很富有，他们能够拼凑起来的最大数目是 2 万基尔德，这钱很多，但是他们愿意为家庭而牺牲这些，当然前提条件是你们睁一只眼闭一只眼。"

董事会除了闭上眼睛还能做出什么更聪明的事呢？

是主人，还是奴仆

这是一个古老的事实：在那些把投机作为传统议事日程的家庭里，那些在股市上获得成功的家庭成员被称作天才，而其他那些运气不佳的成员则被称为笨蛋，尽管我还记得，在匈牙利和法国，总是把不适合上大学的最笨的儿子派去股市，而其他孩子必须接受高等教育。顺便提一句：大多数银行的老板也不过是从打杂做起，然后通过训练，学到了手艺，做成了事业，如果他们成功了，便被授予天才的头衔。

在布达佩斯，有一户受尊敬的富裕人家叫波利泽，在布达佩斯的证券和商品交易市场上扮演着重要的角色，其中一个叫马帝亚斯的儿子是个聪明的投机者，为了能独立地投机，离开了他的家庭。

有一天他投机失败，失去了他的全部财产而一无所有，为此家庭会成员坐在一起，审查了马帝亚斯的投机，做出了一个严厉的决定："马帝亚斯没有证明自己是合格的主人，他现在必须成为奴仆。""主人"意味着做独立的投机人;"奴仆"不过只是家庭公司运作中的一个小小的轮子。

而马帝亚斯是个游戏者,投机的魔力没有放过他,于是他继续研究从芝加哥到利物浦到布达佩斯的所有行情,以这种方式有一天他发现燕麦和黑麦之间的价差是不合理的,相应的投机很有吸引力,他用很小的数目开始,行情发展正如所期望的,他得到了第一笔盈利,最后他又为自己重新创造了一小笔财富,结账之后,他离开了家庭公司里的小职位,宣布他要再次独立投机。家庭会成员再次坐到一起,经过长时间的争论,做出了新裁决:"马帝亚斯证明了自己是合格的奴仆,他现在可以又成为主人。"

每当我听到形形色色的投资经理荣升和失败时,经常想到这个故事,每个金融家的命运都与我的朋友马帝亚斯的相似,其实这个故事的教训适用于整个人生和所有职业……

大众心理学:解开股市之谜的钥匙

是什么驱使着股市起起落落?不只是事态本身,还有股民对事态的反应。所以,可怜的股市专家如果想成功,必须在两个键盘上弹琴:预见事态和猜测股民的表现。股市常常像一个酒鬼:听到好消息哭,听到坏消息笑。

大众的情绪波动是不可预料的,但是这种希望与恐惧之间的波动，在短期内决定着股市的行情，直到恐惧者全部抛出而满怀希望者大量买进，但是大众成功了吗？没有。在大多数情况下，多数人的投机是错误的，只有少数人判断正确。

"大众是无知的。"古斯塔夫·勒庞在他的经典著作《大众心理学》（1895）中写道。在无知的本性中隐藏着他们的秘密力量，当大众是由特别聪明而会思考的人组成时，这种本性是有效的，如果把100个极其聪明的人关在一个狭小的空间里，这批人将不受大脑指挥，而受到情绪的指挥。

股市专家出于这种或那种原因，经过深思熟虑，决定在早上卖掉他所有的股票。他走进交易大厅，得知那里的情绪很乐观，一秒钟后，他更改了他的计划，不但没有抛售，还又新买了股票。

在美国，股票行情显示器常常起着巨大的决定性的作用，即便没有上百万人，至少也有几十万人关注着显示所有股票交易的行情显示器。如果行情上涨，"显示器观察者"便追着股票买，以便迅速地、不假思索地跳上行驶中的火车。滚动着最新股票行情的显示器，展现的是大众的意见，对每一个人来说，它都有一种不可抗拒的吸引力。行情显示器就像战场上的旗帜：只要它还高高在上，威风凛凛地向前冲，大部队就会跟上；旗帜倒下了，说明进军被拦截；勇气消失了，队伍四散。股市也一模一样。

所以那些对股市感兴趣的人必须注意，让旗帜骄傲地高高招展并向前行进,这样大部队才会跟随,内部人喜欢把这称作"行情管理",要想猜想大众对事态的反应,我认为关于市场技术因素的分析是最好的指路牌。

大多数股票是在谁的手里呢?是在那些强硬的、受过训练的投资者和银行手里,还是在很多希望很快挣到钱的新手,胆小的、没有经验的储蓄者、玩家和小人物手里?对行情的进一步发展来说,购买者的质量比股票的质量更重要。

胆小的多数人对一个重要事件的第一反应总是会走向以前情绪的反面,如果以前多数人乐观并拥有很多股票,那么他们会很快卖出。特别是当重要事件意外地发生时,或者在少数情况下——当它不是意外但提前发生时,走势会随着"既成事实"这个专家转动。

一个典型的例子是:1939,在《慕尼黑协定》签订和捷克斯洛伐克被分割之后,欧洲股市表现平静,因为德国元首希特勒在《慕尼黑协定》上,公开承诺保证欧洲的和平。英国首相张伯伦在下院回答议员对其放弃捷克斯洛伐克的质疑时,他说没有理由怀疑希特勒先生对欧洲和平的承诺。这就是欧洲股市,包括巴黎交易所,表现得如此平静的原因。之后让世人大吃一惊的事情发生了,1939年3月15日,希特勒的军队入侵了弱小的捷克斯洛伐克,并占领了布拉格。

张伯伦首相再次来到下院,低沉地说他对希特勒的食言感到很苦恼。他明确表示并强调，由于希特勒粗暴入侵波兰和占领但泽，英国将全力向受害一方提供军事援助。这是一个严肃的声明，沉重打击了欧洲股市。欧洲和平的希望破灭了，股市持续下跌了好几个月。战争恐慌情绪越来越严重。显然人们担心证券会继续下跌，生活受到影响，因此卖出证券，手上持有更多现金，这是一个符合逻辑的理性反应。

一个明显的问题是，此刻是谁在买进股票？正如我们之前讲过的，股票市场的成交量很大，自然是那些乐观的人在买进，他们不相信大战会爆发，认为希特勒会让步。他们认为这场战争不会持续很久，德国经济很疲弱，希特勒只是在虚张声势，几个月后他就会要求停战。但是另外一些人则认为市场已经下跌很多，不管这次会不会爆发战争，都不应该买入。这些当然都是机构投资者，他们会持有现金，直到价格跌到了足够低的时候，才会出手买入。有些现金富余的公司会在低价时回购一些自家的股票。股市慢慢越跌越深，希特勒的战争威胁进一步影响着股市行情，特别是8月23日之后，外交部部长莫洛托夫和里宾特洛甫签订了《苏德条约》，很多人感觉欧洲从此沉沦了。因为双方已经协商瓜分波兰。大战几乎一触即发。股市继续下跌。人们担心战争爆发后会出现糟糕状况：交易所和银行关门、债务延期清偿，等等。

人们必须有很大勇气才会买进法国股票，不仅巴黎交易所，连纽约证券交易所和伦敦交易所，行情也都很疲软。我自己也感觉行情很糟糕。

你能够想象比战争更令人恐惧的东西吗？最让人神经紧张的是9月1日波兰但泽陷落的那一天和9月3日英国和法国向德国宣战。但是情况让我们很惊讶：银行没有关闭，没有发生延期清偿，交易所没有一丝紧张气氛，没有外汇管制，最令人惊奇的是：股市走势逆转了，价格直线上升。谁会想得到战争爆发反而推升了股市呢？这种情况如何解释？这里存在几个原因：一个是技术上的解释，也就是市场的既成事实效应。这符合逻辑和实际情况。

公众已经提心吊胆几个月了，一直手持现金。现在翻开了一个新篇章。战争爆发了，必然会造成经济上的后果。战争会造成通货膨胀。通货膨胀和货币贬值让人们想起了第一次世界大战。人们想尽可能快地把钱换成商品。不动产很难马上买到，所以人们涌向了股市。在人们眼里，股票要比现金更好。股市升了一段时间，直到德国第一次发动对荷兰的进攻。整个市场被挫败了。公众突然发现战争已经来到面前。

这个戏剧性的情况持续到了6月中旬，德军攻占了巴黎，股市关闭并转移到维希。当然，这时的市场只是原来规模的很小一部分，成交量很小。这就是股市！难以预测、歇斯底里，而且不合逻辑。人们的日常生活逻辑和股市逻辑是不同的。

怎样才能弄明白这种大众心理学？很难，因为即使在理论上明白应该逆势而行，也会在做反周期决定的最后一刻想："我知道我必须做什么，但是这一回不一样。"人们只有后来才会明白，这一次也并没有什么不一样。

投机者必须受过训练，冷静甚至玩世不恭；必须这样想："你们都判断错误，只有我看得清楚。"人们必须一直都能清醒地认识到，股市是残酷的，经常不像大家所希望的那样发展，也许它这么做只是为了惩罚那些游戏者，提醒他们即使在过去几年能赢来红利，也不要太自以为是，不要忘了：盈利只是海市蜃楼，只有损失是真实的。

科斯托拉尼的"鸡蛋"

凭我的经验，每个周期性的运动都由三个时期组成：调整时期、情绪转变时期和扩张时期。举一个下跌后行情转折的例子，在第一个调整时期，行情（曾经无理由地跌到很低）慢慢被拉到一个在某种意义上看是现实的、合理的水平。在第二个时期，以前不好的情绪渐渐改善，并且每天都明显上升。第三个时期开始了，这时股票的价格每小时都在上涨，行情和情绪彼此相互往上推，回光返照使得行情继续疯涨，并完全由大众的歇斯底里所决定。

下一个股市跌势的周期里，几个时期会以同样的顺序相互接力：调整时期——价格涨得太高；情绪转变时期——不利的因素（上升的利息、衰退的经济、悲观等）使投机者不安；扩张时期——下跌的行情造成沉重的悲观情绪，这又作用于价格上，行情跌得像秋天的落叶，股票在慌乱中被抛售。

最后一个时期的跌势或涨势波动一直会延续下去，直到一个心理冲击从任何方向打破这个魔咒，如果这个起清洁作用的冲击没有到来，那么这最后的纯粹受心理影响的时期，会在市场上发泄之后渐渐平息下来。而有朝一日股市趋势会改变方向，没有任何显而易见的理由，出乎大众的意料，甚至出乎对此没有精神准备的专家的意料，于是开始了周期性的反方向运动，这是股市永恒不变的自转，这就像自然界中涨潮和落潮相互交替，这个潮汐游戏的原因是，有两种拥有股票的人：定力极强的人和战战兢兢的人，他们所做的决定是三个因素的结果。

第一个因素是金钱，第二个因素是耐心，第三个是思想。耐心，我认为就是不会因每一件小事都做出强烈反应，谁有思想，谁就会聪明地行事——不一定正确或错误，但是经过思考、有想象力。

如果没有钱，只有耐心还不够，而没有耐心只有钱也没用；如果没有耐心，就不能等到理想转化为现实，而没有思想的人也不知道耐心能有什么用。

这三个因素不可分割地连接在一起,如果缺少其中之一,股市的成员便是一个战战兢兢的人,他对每一件意义还不重大的事都反应过快。他没有想象力,所以不是用脑行事而是用情绪,别人买,他也买;别人卖,他也卖。他是大众的一分子,并和他们一起行动(像艾萨克·牛顿男爵所说的"疯狂的一群",他也酷爱投机)。

最大的问题是:绝大多数股票在什么人手里,如果极有定力的人拥有大部分股票,那么股市,甚至在不利的新闻下,有能力做向前的运动,如果有一条好新闻,行情甚至会爆发,而如果大多数股票是在胆小的人手里,那么在第一条坏消息之后就会发生争执。

如果行情在增大的交易额中下跌,那么一定是一大批股票正从胆小的人向神经坚强的人移交,甚至会出现胆小者卖光了,股票只存在定力坚强者的保险柜里,这时胆小者有钱,经过洗礼的人有股票。

在卖完之后,如果行情触底,并在那里停留,甚至在坏消息下也不下跌,这就证明市场已经做好了一个新的向前运动的准备。

很多例子能够证明这一被投资者喜爱的理论,反周期而行,说易行难,人们必须经受过真正的训练,拥有坚强的性格,甚至需要一点玩世不恭。

市场上的参与者中有90%是胆小鬼,而最多只有10%是坚定者,这是我的经验。

正如伟大的将军戴高乐常说的:"她就值她的价值。"

行情下跌的扩张时期,如果恐慌卖出,能够大笔成交,就应该买进;在上行行情的第一个阶段,可以逐步建仓。而在上涨的最后阶段应该大笔卖出,在下跌第一阶段小笔卖出。在扩张期要逆向而行,在调整期顺流而行,在情绪转变时期安静等待。

对于下面这张图而言,有经验的投机者应该在这个圆圈的底部采取明智行动,而不要伤及自身。

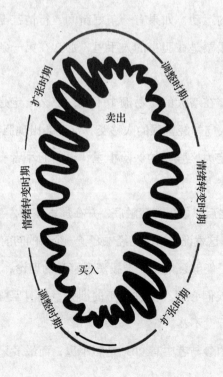

穷人中的富翁和克洛格的悲剧

20 世纪 30 年代初经济危机期间，我是众所周知的坚定的卖空投机者，这是一件被证明很有利可图的事。我几乎陶醉于我的成功，陶醉在金钱里，而且更陶醉于对我的预见的证明。我的同事都来找我，他们把我几乎看成一个能正确判断（与普通的意见相异）发展趋势的预言家。"这怎么可能发生呢？"他们问我。我的回答是："股市上什么都有可能，甚至连不合逻辑的事也会发生。"因为对我来说奥斯特利克和戴维德游戏集团的崩溃像 40 年后 IOS、格拉姆克等的崩溃一样合乎逻辑，甚至理所当然，唯一令我惊讶的是其他人表现出的惊讶。

由于我现在有资本，所以我也想享受一下舒适生活，而这时我却发现了一个难为情的状态：当我的理念和股市感觉让我挣了很多钱时，其他人却输了。那时威廉·布施的一句诗经常出现在我的脑海里："极大的灾难，暴露阴谋，哈哈，我超脱在外。"我的愿望实现了，但是我眼前的这出戏却令我十分沉痛。

我的朋友，我的同事，所有我喜欢的人都被毁了，他们在这场危机中，或是失去了金钱，或是失去了职位，不知道未来将给他们带来什么，而我现在却有钱消费我曾经梦想的任何奢侈和享受。

豪华酒店和餐厅的大门向我敞开,因为我的钱包是鼓的,但是其他人不在场,美好的气氛结束了,愉快的笑容消失了,取而代之的是痛苦和坏情绪。我独自一人,只和自己在一起,到处都提供要卖的东西,但是我没有兴趣买,我认识到:当朋友们必须只为一杯咖啡而知足的时候,香槟和鱼子酱不会带来享受。

我不敢也根本不能享受幸福,我觉得自己比以前更糟糕。

我有一个主意:难道同时和其他人一起挣钱(当然总比其他人挣得多一点)不是更好吗?但是和他们"同流合污"?我的成功几乎使我压抑,我开始怀疑我的卖空理念,人不能总在别人哭的时候笑。在股市的教义手册上有这样的话:"卖空投机者会被上帝蔑视,因为他总想赚别人的钱。"而有一天发生了一件灾难性的事令我彻底转变,那是一场悲剧,在悲剧的结尾,演员已站不起来了。

那是一个星期六的下午,巴黎市民十分肃穆地聚集在香舍丽榭大街参加亚斯特里德·布里昂(施特雷斯曼的好朋友)的葬礼。仪式过后人群四散走开,我不知道该做点什么,为了消磨时间,我来到一个朋友——一位美国股票经纪人的办公室聊天,当然我看了一眼最新的股市行情。

那时候,星期六的下午股市营业时间很短——两个小时,在安静的市场上有一件奇怪的事,唯一交易的一只证券是瑞典火柴业大王克洛格的股票,且在整个交易所营业时间里,它的价格一直没变化,可交易量很大,我感到很好奇,因为我做了它的卖空投机。

瑞典火柴大王伊万·克洛格的想法既简单又聪明。

中欧和东欧国家需要钱,克洛格愿意为他们筹集。作为回报,他要求垄断火柴业务,这可以保证他有可观的盈利。只是克洛格并不拥有德国需要的这么大数量的火柴。

于是他的公司发行债券,他把债券募集的资金提供给需要资金的国家。这些债券的绝大多数在美国被认购。克洛格不想在借出和借进的贷款息差上挣钱,而只是靠火柴工厂的盈利,这个方法并不新,它曾是16世纪福格家族的专长,即以垄断交换贷款担保。

福格家族借钱给陷入困境的贵族,从而享受一项贸易的特权或开发物产资源。葡萄牙国王允许他们在一段时间里垄断胡椒贸易;西班牙国王把银矿和铜矿的开发权交给他们。

克洛格又拿起这一套并使之适合时代的要求,他使用股票、债券,让美国的资金流入中欧和东欧。

债务国是匈牙利、罗马尼亚、德国、南斯拉夫、波兰和几个南美国家,债权国首先当属美国、荷兰、瑞士、英国及法国。

事情看来理智而可行,如果债务国有偿还能力,事情也应该如此,绝对不是克洛格的不安分导致了失败,而是对中欧不利的政治事态引来了灾难。

克洛格错误地估计了这些国家的金融机构和经济未来。他是一个工程师、企业家，但绝不是有经验的银行家或投机者，否则他绝不会让自己做这种事，但是他既不具备银行家也不具备投机者的素质，最终导致了悲剧性结果。

有一天，德国、罗马尼亚、匈牙利和其他债务国停止偿付利息和分期偿还的债券，这个事实本身还没有导致克洛格工业王国的瓦解。如果发行的债券真的是在大众手里的话，在这种情况下，债券持有者会失去他的投入或投入的一部分，而发行公司不会因债务国无偿还能力而破产。

但是克洛格既不拥有信贷银行成千的营业窗口，又不具备罗斯柴尔德的信誉，所以他没能售出所有债券，很大一部分砸在自己的手里，他把这些债券放在不同的银行里做担保，为此他得到了短期贷款，而他把这些贷款又用于中欧国家。

对于一个忽视了金融贸易细节的视觉敏锐的投机者来说，克洛格事件是很清楚的。另外我还得知，官方股票中介人协会集团通过一封秘密通函，向70名会员提出要求，限制为其贷款担保的克洛格债券的数量。

当时美国的经济危机达到高潮，中欧的政治局势也没有好转的希望，由于上述原因，也没有人有兴趣把自己的钱投在克洛格的债券上。

情况看起来很严重，我毫不犹豫地做了瑞典火柴的卖空投机，行情已经降了一点儿，但克洛格显然在支撑着它，以便不危及他在银行和股票经纪人那里的的贷款信誉，在巴黎，瑞典银行在为克洛格工作；在纽约是李·赫金森银行。他警觉的委托人不停买入，以维持行情。

可能是一些银行有长期合同，付一些钱把价格保持在5.25美元，哪怕为此要买进大批债券，我是这样解释星期六的大笔卖出的。在那天下午，当我被布里昂的葬礼带到香舍丽榭大街上时，在两小时之内有几十万股股票神秘地被抛入市场。我绞尽脑汁，不知这些合同是从哪儿来的。

当然，我不可能知道，几幢楼那边的维克多·艾曼努艾尔第三大街，伊万·克洛格的尸体躺在他的公寓里。当华尔街的股票交易所下午开门的时候，他已经死了。但是代表克洛格利益的银行也不知道，否则它们不会执行客户的购买合同。

伊万·克洛格星期六上午11：00自杀了，算上时差，这条消息本可以在纽约股市营业之前传出，但它却在星期六晚上才迟迟被公布。

有几个人知道这个秘密，一个克洛格的合伙人，同时也是他最好的朋友；私人女秘书和清洁女工，是她在打扫房间时发现的。

克洛格的合伙人很机智地说服警察局，不要在当晚之前公布自杀的消息，她甚至成功地使受到感动的公务员相信，不然会造成世界的灾难，他们要对此负责任。

毕竟死者曾是该地区的最高官员，他的社会地位要求一定的照顾，另外由于布里昂的葬礼，也由于是周末，警察局里没有几个人在岗，警员深信自己拦住了历史的车轮，愿意保守秘密。

在知道这一秘密的人里，还有一位警察局的高级公务员，中午他女儿的未婚夫，一位美国记者 W. 迈克来做客。

"我有一条特大新闻给你，你一定知道应该怎样使用它，甚至怎么能从中得到好处。只是你必须向我保证，你不要在晚上之前把消息传出去。你想不到吧，瑞典火柴大王伊万·克洛格今天早晨在他的公寓里自杀了。"

年轻人做了保证，作为一名有良知的记者，他钻进报社的资料库，收集这位金融人士的生平资料，然后他回到家，写了一篇文章并在当晚电传到他的编辑部。

第二天早晨所有的报纸都以大标题报道了这一特大新闻"金融家克洛格自杀！"当我打开我的晨报时被吓了一跳，这条新闻像是给了我当头一棒，突然间我明白了前一天的股票交易变动。

我又赚了钱，但这次以一条人命做代价，这使我的卖空投机索然无味，我差点觉得自己对伊万·克洛格的死负有责任，总之我觉得自己缺少道德。

我还不知道,克洛格的死将改变我的人生哲学,通过这次惊吓,我变成了乐观派和多头投机者。

星期一早晨克洛格证券大跌,几乎无法开价,我开始买进,许多美国银行在星期六的大批买进后停止了付款。

这尤其让我触动很深,因为我根本没有把克洛格像全球新闻界所做的那样归为骗子一类。他生意的基本想法是本分和准确的,他只是错在对经济和政治形势的判断上,从而成为不幸世态的牺牲品。当他在滑落时,他试图四处抓牢,不管在哪里,就像每个滑坡的最后时刻一样,他就是这样把自己从一条出路驱向另一条出路,越走越远,而看不到合法和不合法之间的界限。当然,公众损失了几十亿,但是对此的责任不应该只记在克洛格的不法行为上,而还应记在中欧的政治事态和财经关系上。我认为,人们应该以一点宽容允许给克洛格减罪。

在这一天那位记者又来找他的未婚妻。

"你用上我给你的信息了吗?"父亲问他,

"当然用上了,"年轻人回答,"我们报纸的总裁对我的文章表示祝贺,因为多亏您,我是第一位发布此消息的人。"

"噢,而你没有做其他的事!"

年轻人必须为他的笨拙付出代价,他没有得到那位父亲的女儿，因为对于在这个世界上的生存斗争来说，他太不成熟了。

克洛格的悲剧在内心世界改变了我。它给了我一个更人道的而且相对更健康的视角，并且把我从悲观者的焦躁中解放出来，我结束了我所有的卖空生意。

抛开我改变了的灵魂不谈，我的感觉（或者是我的灵魂）也告诉我，整个世界的悲观情绪已越过了它的最低点，对此已有不同的征兆，股市的趋势不断摇摆，在春天，由于罗斯福新政和新贸易的改革，美国经济飞跃和股市牛市新时期开始了。

我想说，那时出现了我一生的机遇，我个人的生活在某种程度上与世界历史的步伐变得一致：我个人的发展达到了一个有利的转折点，而且是在一个正确的时刻，我作为一个新的生命，从曾包括我在内的风暴中走出来，同时世界的绝大部分也碰巧同样经历着一次更新。

美国从致命的包围中挣脱出来，能够使它永远窒息的危险的资本主义危机被克服了，类似的灾难永远不可能再发生，这是第一次也是最后一次。

从这一牺牲了百万人的压抑中我赚了很多钱，但余味却是苦的，这一次我彻底认识到，在经济繁荣时赚钱更美好，现在我感到了对金钱的蔑视，因为我又重视所有其他的曾不被我尊重的价值观。我的幸运是：这些价值观不仅在我眼中，而且在股市上也上涨了，在罗斯福时代出现了疯狂的牛市。

我认识到，在生活中还有许多东西，人们虽然在金钱的帮助下能够更容易得到很多东西，但它们无法被金钱取代。

当然这不会改变我整天都在绞尽脑汁想，我怎样在股市上取得成就。值得自豪的是，在每次成功的投机中，我的正确预见和盈利同样令我高兴。

股市大观园

两个特殊样本：维克多·里昂和古斯塔夫·豪夫曼

20世纪70年代以来，我一直生活在由截然不同的人组成的大观园里。我有很多朋友：贵族、知识分子、小骗子和大盗，像克罗苏一样的巨富和像教堂老鼠一样的穷光蛋。那么在股市上呢？不是每一个在那里出没的人都是"投机者"（我的意思是，人们不能滥用这个定义），有这样和那样的炒股者，有懂股市艺术的博士，也有做日内交易甚至一小时交易的股市玩家，有业余爱好者、半业余爱好者，也有阴谋投机者，等等。

此外还有整个职业大军：银行家和他们的职员、中介人、代理和助理代理，其职业不像财产管理者，而更像吸尘器推销员的破产顾问，还有一群依靠股市或只在股市生活的人，他们以佣金、中介费为生。

但最重要的角色是"多头傻瓜""卖空吝啬鬼"之类的人，

他们组成了一个世界，我一直出没于此。在这么长的时间之后，我允许自己开一点股市动物学的玩笑，我自己也包括在内。如果运气好，年轻人可以从中得益。

股市是一个多彩的世界、一片热带雨林，在那里弱肉强食，对失败者是残酷的：在专家之间占统治地位的是长期的斗争和与此相配的两类人——卖空者和做多者，或者像盎格鲁-撒克逊人的描画——熊和公牛。

公牛是那些投机者的化身：他们冲在前面，用牛角把一切顶向高处，当然首当其冲的是行情。卖空者是猎人，他在射到熊之前就卖出熊皮，他有可能射不到熊，那么他必须付出代价，把过早卖出的熊皮买回来。

在全世界的股市中，公牛不喜欢熊，而熊也不喜欢公牛。他们的人生观截然不同，没有哪一个经济或政治事件能使他们有相同的见解。卖空者对每条消息都做悲观的评论，同时做多者却给出乐观的解释。

在和一位股票交易者交谈 10 分钟之后，我就能说出他是卖空者还是做多者，不用提到任何一个有关股市的词，我的快速"股市心理分析"立即运作，因为当两个炒股人相见时，他们彼此不问"您怎么样"，而是问"您怎么看市场"。

卖空者是一个尤其特殊的品种，他的动机不同。一个非常典型的"聪明的卖空者"的代表是维克多·里昂，他在股市圈里通常只被称作"吸血鬼",他一直努力通过秘密信息得知股市的贷款交易有多大额度,当得知上亿的资金投入多头投机时,他就做卖空投机,他一直在重复:市场的技术因素起着决定性作用;当所有的证券掌握在"无力的手"中时,一定会发生危机,他一直是正确的。维克多·里昂习惯说:"行情下跌的一天内我挣的钱,要比行情上涨的30天内挣的钱多。"

也有其他操纵股市的方法,比如在公众中贬低被哄抬的股票。

在战争之前,法国扮演的是垃圾桶的角色,所有可疑的股票、采空的矿山、干枯的油井、不值钱的国家债券,都被劝诱卖给法国的储蓄者,成打的无顾忌的金融机构因此发了横财,"吸血鬼"是其中之一。

"吸血鬼"的方法是这样的,比如说任何一个伦敦金融财团想在巴黎出售一种矿业股票,"吸血鬼"就以大约20先令的低价买进30万股,再以行权价22先令购买10万股看涨期权,又以行权价24先令的价格购买10万股看涨期权,即每10万加2先令。然后他在伦敦交易所小批购买同一只股票,但大作声势,然后与金融财团达成协议,不让新的股票上市破坏他的哄抬行动,他就这样操纵行情把股价推向高处。

如果股票涨到约50先令,就可以成功地在巴黎交易所卖出获利,"吸血鬼"在银行和小道消息及新闻媒体的帮助和支持下，从法国的金库中吸出钱来。

不用说，价格在被操纵之后会直线下降，有时会跌到零。公众遭受了重大损失，而"吸血鬼"却被授予荣誉骑士勋章，死后在瑞士银行秘密留下了不少于1.5亿的财产，在当时这可是一笔巨额资产。

几年之前我才听到了一个关于"吸血鬼"的有趣故事。戴高乐将军的前内政部长佩勒蒂耶先生告诉我：在他出任巴黎大区省长职务期间，"吸血鬼"曾经拜访过他，并给他提了一个建议，他愿意捐献自己收集的绘画作品给巴黎市，条件是在其有生之年将巴黎的一条街道以他的名字命名（当然不会叫作"吸血鬼街"，而是叫他的正式姓名）。

人们可以想象，佩勒蒂耶先生礼貌但坚决地拒绝了这一建议，原因很简单，因为巴黎还没有哪一条街在某人（连高乐将军包括在内）的有生之年以他的名字命名。正如人们看到的，一些金融家成功的时候没有最基本的整体观念，即使被称作"吸血鬼"也不例外。

这难道不会让人想到基金经理的追名逐利吗？他们生活在华丽的城堡中，乘着私人飞机四处制造噪音，而同时毁掉成百万的普通平民。

这类金融家总能够聪明地躲开法院和警察。

除了靠思考而投机的"聪明人"，还有一种心理卖空者，这类人不知道一种证券的价值是否被过于抬高或降低,也不关心这些。他们之所以决定卖空,是出于个人心理原因,比如过于看重装在兜里的现金,而一个由于胃病而总是带着坏情绪的人永远成为不了买空者。

我在股市上的第一个客户就是这样一个卖空者,议员古斯塔夫·豪夫曼,他是我父亲的一个好朋友。他虽然自称银行家,但他唯一的客户大概是他自己。豪夫曼原则上只做卖空投机。有一天他到巴黎来,我把他带到交易所,以便给他解释一些东西。当时行情稳定,他问我某只股票的价格,我把行情告诉他,他立即回答:"太高了!这是一个虚高的价格!"

关于古斯塔夫·豪夫曼还有这么一段趣事,布达佩斯的股票市场又经历着火热牛市,一位交易所的同事看到豪夫曼站在交易所大厅的角落里,就幸灾乐祸(因为每个人都知道他在做大笔的卖空生意)地问他:"您猜这些年轻人(他在这里指的是那些贪图享受的多头)每天都以做多头赚钱吗?"

古斯塔夫·豪夫曼只瞥了一眼这对他来说费用巨大的价格哄抬,然后给出了帝王般的回答:"这根本没关系!所有这些钱还会回到我这里来,我失去的只是年轻人在此期间在香槟酒和女人身上的花费。"

公牛和熊在物质利益上也同样相对立。斗争的发生并不取决于两者的实力,而是像前面写的那样,取决于许多政治、经济和心理因素，取决于不同种类的、不可预见的事物。

公牛不能想象行情也会下跌。行情的上涨对他们来说是普通的和自然的，他们认为行情下跌是不可能的，做多头的傻瓜倒更能在股市下跌时承受损失，这比在股市上涨而他们不在场时错过的盈利要多。相反，熊却以反常地渴望寻找痛苦，但是寻找的是他人的痛苦，这也是事实，因为他们只能在其他人在行情下跌而承受股票损失的时候才能赚到钱。做多者依赖企业的增长，从价格上涨中获利，这样并不会伤害到他人。卖空者是在别人的叹息中庆祝胜利，凭我的经验，100 位股市专家中只有 5 位是卖空者。

而鸟儿则不关心公牛和熊在做什么，它们有自己的世界，这是理论玩家，这类人只在想象中买卖，他们只在脑子里记下盈利和损失，钱包里的钱没有变化，但是当这类玩家记下了一次理论上的盈利时，他们会感到很幸福。

然后，还有周末玩家，他们只买星期五的股票，前提是这一天的股市稳定。因为他们坚信，公众在度过了一个乐观的周末之后，会在下个星期一买进股票。在他们当中，我还没有找到百万富翁，然后又有其他一些人，他们只关心破产公司的股票，这在股市的行话里被称作"潮湿的脚"，他们认为会发生奇迹，发生在这里或那里，至少人们还可以把这类股票当作装饰品卖出去。

自吹自擂的人

我控告那些职业经济学家，控告他们愚弄储蓄者，控告他们在公众、商人和企业家的头脑中制造混乱，他们的经济学是一个学科，徒劳地想用其知识达到现实目的。

他们所有模糊不清的、布满灰尘的理论，几乎只能等着被人们用尖锐的逻辑和大量工作推翻，但只有很少的人有这种能力。有一句话一直触动着我，"半个真相等于彻头彻尾的谎言"。这句话尤其适用于经济和金融，专家只引用了统计数字的一半，那是人们必须引用的（美国财政和贸易赤字、储蓄率等）。

尽管经济学者拥有文凭，但他们不过是蒙上眼睛的古罗马角斗士，他们的统计不但是错误的，他们也发现不了在统计背后隐藏着什么，他们只计算而不动脑去想，只知道书本上的教条，却看不到它们之间的联系。每一个刚结业的经济学者都自以为能做出不可或缺的经济分析和预测。

全世界的媒体都早已发现，职业经济学者和他们教授的分析预测完全错误。1987年危机后，33位来自全世界的教授聚集在华盛顿，参加学术交流会，宣布了对世界经济的忧郁的、几乎是悲剧的预测。我当时写道："33位教授！噢，美丽的世界，你输了！"后来发生了什么呢？事实正好与他们的预测相反。如今央行必须降低经济飞跃的速度，以遏制通货膨胀，犯下这种根本性的错误，人们是不能轻易原谅的。

我并不反对教授，我甚至感谢他们教会了我认识字母、数数字和外语，但是就经济和股市预测而言，他们没有这种能力。我更愿意听星相学者和占卜先生的话，尤其打动我的是蒙田（1533—1592）说过的话，他也许是法国文学界最聪明的人。他说："我更愿意让我的儿子在小酒馆里学说话。"

为什么有这么多年轻人学习经济学，尤其是在联邦德国？很简单，他们需要在自己的名片上印上黑体的国民经济学学士的头衔。这些年大企业和银行在选择职员时，都是优先考虑这样的候选人，他们有文凭证明自己不是文盲。在学位中，经济学是最简单的，肯定比工程学要简单，人们只需要背几本书，不需要动脑筋，无数的国民经济学学士就是这样被培养出来的。他们浪费了4年的宝贵时间，为此我深表遗憾。我认为，经济学是一门伪科学，人们从中学到的那一点东西也随着时间推移而老化了。

我不是唯一持有这种观点的人，巴黎股市上的第二大经纪公司（有400名职员）把有经济学文凭的应聘者推到了一边，原因是他们闭目塞听，考虑问题不客观，而且总是自以为是。

如果我和一位股市的同事交谈，不管他有多么出色，两句话之后我就能发现他研究过国民经济学，他的证据和分析全都挤在紧身衣里，让他无法挣脱。

纽约州长奥尔·施密斯，一位著名的、深受欢迎的美国政治家，还差点当上总统，他的自白是多么公正而寓意深长。在一次集会上，有个人对他喊道："嘿，州长先生，您是哪所大学毕业的？""我吗？纽约的鱼市场！"国民经济学教授，曾留下1亿美元遗产的阿尔伯特·汉恩也简短而真实地描写了他的股市投机："我根本不看重我作为教授而传播的那些愚蠢的知识！"

可惜的是，1990年诺贝尔奖的评委没有听到这句话。相反，他们非常重视学院式愚蠢，并把奖金颁发给三位经济学教授[一]："表彰其在有价证券分析领域里的开创性的工作。"

亲爱的读者，你想知道教授的论点有什么开创性吗？一个论点是，"对个人投资者的投资决定存在着两个重要影响因素：希望的红利和风险"。真的吗？

另一个论点是，如果"储蓄者接受了高风险的投资，必须得到高额红利作为回报"，颇具开创性的是这一认识：个人希望得到的证券红利必须与"……个人投资希望的红利的平均值"相符合，例如A股票带来10%的盈利，B股票带来20%的盈利，那么希望的证券红利是15%，这是一个成熟的很有成就的计算！

　㊀　三位美国经济学家是哈里·马科威茨、威廉·夏普和默顿·米勒。

真正人所共知的理论是下面的建议：谁要想降低有价证券投资的整体风险并持有深受油价上涨之苦的股票，就必须加购能从上涨的油价中获利的企业的股票。哎！不！

每个股市新手都知道这些有创造性的真理。在最好的情况下，它们能在经济学幼稚园里得到尊重，为此而颁给诺贝尔奖，我认为是对同行的侮辱。

实际上，学究们并不具备有价证券和股市的丰富经验，否则他们不会说出这样令自己出丑的陈词滥调。

我知道一些读者会觉得我的尖锐的抨击性演说既放肆又大胆，但是以我的岁数来说，已没有获什么奖的野心，所以允许自己享受说出真相的奢侈。

学究们难道不知道百年来已出版了上百部优秀的有价证券分析方面的著作吗？其中一部经典著作出自英国的一个市长安格斯，已印刷了十多版，所有这些书的作者都同样有权获得诺贝尔奖（在最糟糕的情况下也包括我），那三位"诺贝尔"教授的学生和弟子们想以这几条获奖的理论而获得成功？就是用星相学也比他们有更大的机会。

一位老资格炒股人的分析在我看来也更有用，65年前，他在巴黎给了我如下建议："一切都取决于傻瓜是否比股票多。"这也是德意志银行伟大的老人阿布先生的座右铭。

我又想起了一位女士讲给我的笑话，她的父亲是事件的证人：爱因斯坦给大学生做讲座，一位学生问他，他是否能将他的相对论简单明了地解释一下。

"我们设想，"爱因斯坦说，"我坐在热炉子边3分钟，我会觉得那是30分钟；但是如果我腿上坐着一位漂亮的年轻女士，坐30分钟，我会觉得只有3分钟。"年轻人大笑，但是人们听到一位学生向他的邻座耳语："就为这，他得了诺贝尔奖？"

不靠谱的大师

我经常在股市报道的无稽之谈中找到笑料，比如"今天的股市因为抛售而更疲软，因为悲观人士对进一步的发展不抱太大的希望。买入者比较谨慎，因为他们等待着更加疲软的股市，在这种不良气氛和抛售的压力下，行情肯定还会再跌"。

这么多句话里，只有第一句还算有趣，而其中的5个字比较重要："股市更疲软"。所有其他的都是自然而然的，因为"更疲软"已经说明了一切，当然也有程度变化：疲软、更疲软、非常疲软。

一些这样单调没营养的评论居然出自大师之口，我只会感到可笑，例如美林证券的分析师，深受欢迎的华尔街观察家罗伯特·法雷尔先生。在一次技术性的股市评论中他做了如下叙述："股市有可能正要形成一个周期性的顶峰，之后慢慢下滑。

但它也有可能继续其上涨运动,并出乎意料地保持高的水平。"这比那句农民谚语水平更低,"如果公鸡在粪堆上啼叫,天气会变,或者天气和以前一样"。

这使我想起约翰·皮蓬·摩根的话。1907年华尔街危机期间,一位记者问他对未来发展的预测,他言简意赅地回答:"股市会起伏波动。"他是开玩笑说的。我想用巴黎市市徽上的话做补充,"它摇摆,但不落"。当法兰克福的犹太人向著名的拉比⊖福特请教股市的发展趋向时,他也以电报内容的形式,不加任何标点符号地给出了相似的回答:"买或卖。"

更糟糕的是,全世界最有名的股市大师,年轻的罗伯特·普莱希特的预测。他用股市通信和著书来传播艾略特波浪理论。在我眼里,这个理论和无聊的预言一样。他建议卖空股票。行情当然在涨,于是,由于行情又爬上了几个点,年轻人必须立即追加保证金。几年来,他一周接一周地重复着这个理论,结果是他的读者一周接一周地输掉了他们所有的钱。

我又怎么能忘记伟大的乔·葛兰威尔呢?(他曾在德国拥有成千名追随者。)10年前当道琼斯指数为700点时,连老奶奶也得到他的建议——做指数为400点的卖空投机。按他的分析,指数下跌是不可避免的。然而道琼斯指数没有下跌到400点,而是升到了3000点以上。乔居然放肆地声称,他的预测将会获

⊖ 犹太教经师的正式称呼。

得诺贝尔奖,难道人的愚蠢可以没有边际吗?

一位叫库尔特·欧立穆勒的人也同样,不是在斯德哥尔摩,而是在格拉柏,他发明了黄金分割理论。借助这个理论,他要以最高的精确度对未来的行情进行计算,同时他听了葛兰威尔的话,结果失去了所有的钱和客户,最后和他的夫人一起自杀了。

我还必须提到利率大师亨利·考夫曼,他总是在美联储的决定之后发表其利率预测,这每个学徒都能做到。著名的所罗门兄弟公司在他身上花费了大量金钱,让他到处游说,从而能把证券市场引向这个或那个方向。幸运的是,他今天早已被人遗忘了,但肯定没被那些由于他的预言而损失钱财的人们遗忘。几年前他极受欢迎,声望无限,甚至联邦银行也向他咨询。

每一项预测都有 50% 猜中的机会,因为股市的跑道上只有两个参赛者:涨和跌、上或下。说到大师在计算机的帮助下预测影响发展趋势的因素,我总想起有一次我被这样问道:"如果船身长 20 米,宽 5 米,深 4 米,那么船长有多大年龄?"

我做了精确计算,但是我不能发表这个结果——船长兴许会受到侮辱。

个人事业中的三份资料

几个月之前,我整理了我的地下室,发现了 12 瓶 1938 年产的派波·海斯克香槟，可惜的是它们已不是香槟而成了白葡萄酒，但是还可以饮用。在许多书籍和私人物品之中，还有一个装旧文件的信封。我浏览了所有的文件，从中发现了三份资料。

这三份资料是对一个股市专家事业的写照。第一份文件的日期是1929年，那时我23岁，作为股市专家已很有成就，已经挣了很多钱。文件的内容是保险金，显示我当时买了为期30年的人身保险，保险额为1万美元，一半付法郎，一半付美元。

1929年的1万美元相当于现在40万美元的购买力。这一方面显示了我的投机顺利；另一方面，我想存一点钱。由于我是单身汉而我的父母生活优裕，这个人身保险只有一个目的，它迫使人存钱。我每个月必须付一点钱，以便将来，如果我活下来的话，30年之后得到保险额。以23岁的年龄我就已经如此小心，并想到了存钱。股市上不是一切都那么简单。

更有趣的是保险公司的附言，信中确认：根据您的特殊要求，我们愿意破例认可，在为期10年的时间里，在自杀的情况下也支付保险额。今天我自己都感到惊讶，我才23岁就为自己办了人身保险，甚至想到为自己办自杀的保险。当一个人彻底垮掉并在其经济活动中失败时，这看来是他最后的出路。五年之后我真的有了自杀的想法。为什么，请看第二份资料。1934 年年初，我接到巴黎法院寄来的传票：如果我在今年 2 月 26 日之前不还清我的债务（顺便提一句，是欠贝莱茵河宾根市的一家公司的债）我在罗西尼大街拍卖行里的家具将被拍卖。我公寓的门上贴着封条和拍卖通知。我在四年的春风得意之后就这么破产了。原因很简单：糟糕的投机。1932～1933 年，我的日子不好过。因为我做了大笔的卖空投机，而股市一涨再涨，我输掉了我所有的钱，陷入债务之中。唯有我的家具没输掉。一位同事帮我及时还了债（我们炒股人非常团结）。

如果股票商破产了，他会做什么呢？他必须去做一点工作。我去工作了，而且是做经纪人。我放弃了独自的投机者的生活，靠佣金生活。很快我便彻底恢复过来，而且恢复得如此之好，以至于我在三年之后的 1936 年，有了 15 万多法郎的收入。第三份资料可做证明。这当时相当于 1.2 万美元，根据今天的购买力肯定能翻 20 倍，大约相当于 25 万美元。

这是一个股市专家的典型的故事。而这个故事告诉我们：他必须是站得起来的人。如果一个人失去了他的积蓄，他也必须去工作。

顺便说一句，我后来很快就不用再当经纪人了——我至今都是独立的、自由的投机者。我讲演、写作、讨论，而且只要我还能呼吸我将一直做下去，至于这是否是工作，应该让读者评判。

在此我想起了马克斯·莱因哈特告诉我的一个关于伟大的作家弗兰茨·莫尔纳尔的笑话。他的夫人莉丽·戴维斯吩咐新来的清洁女工:"请不要在打扫卫生的时候打扰先生。你不许走进他的办公室,他在工作。"第二天清洁女工碰到莉丽·戴维斯,气愤地说:"尊贵的夫人,我碰巧向尊贵的先生的工作室看了一眼,他没有工作,他在写东西!"

神经脆弱的钢铁商人

股市也会令人上瘾:因为那里笼罩着一种十分特殊的气氛。人们在这激烈的战场内所呼吸的空气,起着毒品的作用。我认识很多人,只是因为机缘巧合来到股市,却与它再也无法分离。下面的笑话能做出最好的解释:1929年纽约股市危机之后,成千名股市专家彻底破产了,而且必须寻找其他的工作,甚至是赚不到钱的差事。两位以前的同事碰到一起,一个问:"你现在做什么呢?""我为一家公司推销牙刷,你呢?""我只告诉你一个人,"他回答说,"我还一直在交易所里,但是我夫人以为,我在公共场所弹钢琴赚钱。"(这总比做股票要强。)

我的一个朋友弗雷德里克在股市上了瘾。他在钢铁行业工作,曾在朝鲜战争期间赚了大钱。他引以为豪的是,他用勤劳和汗水挣钱。在他眼里，我们这些股票交易商是无所事事者，是懒汉和经济寄生虫。他这样认为是有道理的，尽管我肯定不会为从未工作却过着悠闲舒适的生活而感到羞耻。于是在朋友圈里，我们总开一点我们的朋友弗雷德里克的玩笑，称他为卖铁幕的人。我警告我的朋友：朝鲜战争不可能永远继续下去，总有一天他会为能把自己"干干净净挣来的"钱投在股票上而高兴；我想战争很快会结束，你应该事先熟悉一下行情表。

第二天他来找我，他考虑接受我的建议，给我纸和笔，让我给他列一份他要试买的股票名单。他没想投机，只是要凑凑热闹。我首先写给他德国扬格债券，其次写下南非钻石商De-Beer股票，然后还有一些美国的蓝筹股。这份名单非常奇妙。扬格债券不久就上涨了100倍，那只钻石股涨了10倍，所有其他股票也很有潜力。当行情发展顺利时，我的朋友不断地继续加购。在纽约，在欧洲甚至在澳大利亚，开始时他用现金购买，后来他贷款购买。当他的交易达到高潮时，他算了一下，发现他用的杠杆资金相当于家庭财产的5倍。而股市越来越紧张，这个差距越来越大。我的朋友最终无法承受这个刺激，在一个灿烂的日子，在股票会议上（也许那只钻石股正跌了几个点），他精神崩溃了，被送进了医院。

他的家庭在激动之下决定结束一切股市投机，将所有证券都卖掉。他的全部财产现在已不在摇摆波动的股票上，而是以精美的现金形式躺在银行里。那么后来呢？在我朋友接受睡眠疗法的那个漫长的时间里，股市崩溃了。那是1962年春天，全球股市暴跌。当我的朋友痊愈出院时，行情跌到了最低点。他却很坦然，微笑着像得到新生一样。睡眠疗程救了他的财产。如果那些用贷款买来的股票没有抛售，那他就完蛋了。我也是出于好心，虽然是我把他引到了股票游戏中，但是：结局好，一切都好……

但是如果被股市热传染上，就没有那么简单了。手里有证券时会担心它跌；手里没证券时会担心它涨。我虔诚的朋友也担心。当行情从低谷缓升时他变得紧张；当行情继续爬高时他惊慌失措。跌势就在眼前，而他却没有卖出。我徒劳地警告他，他又开始买进……

虽然我蔑视股市的寄生虫——那些每天都买和卖的玩家，但我承认，没有他们股市就不是股市了，而没有股市，资本主义制度就不能存在。因为寄生虫越多，成交额和数量就越大，而成交数量越大，对投资者的保证也越高。他们能够在流通市场上大批卖出自己的股票。

如果用一句话概括投机的历史，我会说："玩家"出生了。他游戏、盈利或失败，永远不死。

所以我深信，每次对股票和股市深恶痛绝的股市抑郁症之后,都会出现一段时期,一切过去的伤痕都被忘记,人们又像飞蛾扑火般被股市引诱去。首当其冲的诱饵是金钱。

我可以把"游戏者"和炒股人的特殊情况与一个酒鬼做比较。他在酩酊大醉的第二天清醒后,决定再也不沾一点酒。但是下午他却又喝一杯鸡尾酒,然后一杯又一杯,午夜他又和前一天一样大醉。

走火入魔或者是傻瓜?也许这样更好。如果没有傻瓜,世界将会怎样?而股市又会怎样呢?没有傻瓜哪儿来的股市盈利呢?

怎样获得重要的情报

最高明的炒股技巧

人们总是问我，在我做股市投机的时候，什么技术是最有用的。这个问题很难回答。得到的暗示总是错的，而且经常让人摸不着头脑，而消息几乎总是不准确的。我能确定的是灵感，这来自我40多年在世界各地证券交易所和各行业积累下来的经验。

最好的做法是我给你讲一个成功投机的故事。1967年春天，我在纽约证券交易所买了数据控制公司（Control Data）的股票。我是如何陷入这只股票中的呢？一段时间以来，我一直认为计算机会推动我们这个世纪的工业革命。这个行业中最好的企业当然是IBM。但是这离我太远了，IBM显得令人高不可攀。一个投机者，也不会对它们产生兴趣。数据控制公司最初遇到了一些经营困难，它的证券排在靠前位置，紧跟在蓝筹股之后。这个公司能够克服困难，更上一层楼，而投机者在其股票上获得收益，无疑是一个不小的成就。最大的利润来自股市，这种情况很危险。所以我必须在电脑行业的公司里找到最好的机会。寻找的方法也来自投机者。我的方法有时会不寻常，但我相信这些方法。

你们都知道，我去过的地方很多。我白天在纽约，很可能第二天就在莫斯科或者布宜诺斯艾利斯。有一次，我在巴黎和好朋友谈到计算机。匈牙利在这方面没有什么专家，我的朋友都是西方国家的计算机专家。我的朋友哈瓦尼男爵出身富裕家庭，曾经是一名坚定的共产党员和出色的研究人员。他阅读了各种专业杂志，经常去西方国家，比别人更了解计算机行业，但是不懂股票。

这是一个不错的故事。在美国，金融界的人没空了解这个领域，我也没有精力关注这么多。我的朋友只是从技术角度看计算机，对股票市场是不感兴趣的。可我对计算机行业有很大兴趣，可以从他这里了解到。我从聊天中得知，数据控制公司有一种独特的机器，在某些方面甚至超过了 IBM 公司。在西方的同类股票里，我最关注数据控制公司的股票。但是这只股票从 1963 年的每股 70 美元，下跌到 1966 年的每股 25 美元。它们的设备很好，可是公司的股票表现却不争气。

有一天，我在报纸上看到新闻，大通曼哈顿银行向该公司发放了 1300 万美元贷款。这件事犹如给我开了绿灯。这个技术方面很突出的公司只是遭受了财务上的困难，人们现在正帮它回到正轨。如果我买计算机行业的股票，显然数据控制公司是排在首位的选择。但是我的经纪人想劝阻我，认为之前的每股28美元还太贵，盈利空间不大！有趣的是，一年后，还是这个经纪人，却劝我在每股130美元时购买这只股票，还说过几年的盈利会更大。

3¾% 门德尔松债券

像之前写过的那样，二战后，我满怀着对欧洲发展坚定的乐观主义态度，投入欧洲国家债券的投机中去，作为战争的结果，它们的价格降得很低。除了比利时、挪威、丹麦和德国的证券之外，我还做法国债券，因为我坚信，这个市场在灾难之后一切都会回到正轨。在负债的国家和政府中，有一些很快履行了义务，或者不管怎样都做了安排，相反另外一些则一直让人家揪着耳朵，直到他们终于做出了承担其义务的决定。事态的发展证实了我的乐观。这些证券全线上升，只是在法国债券上出了点问题。

那是战争爆发前不久，由阿姆斯特丹的门德尔松银行集团在1939年发行的利息为3¾%的门德尔松债券。具体的发行条件都详细地写在了债券的背面：法国政府有义务向债券持有方支付本金和利息，即使爆发战争、革命以及各种各样的政变也不例外，并根据持有人的选择支付瑞士法郎、荷兰盾或美元。简而言之，哪怕地震、雷鸣或洪水，法国政府都会通过在日内瓦、阿姆斯特丹或巴塞尔的国际清算银行（BIZ）偿付。

刚刚签署了停火协议，法国政府就推翻了以前所有白纸黑字规定的承诺和条款，只同意以法国法郎支付，而且强制确定了兑付价，这个价格只是实际国际兑付价的10%。

就这样，这些证券的行情（在日内瓦和阿姆斯特丹）跌了10%～20%。我坚信，一种带有法国政府签字的债券有和黄金一样的分量。法国从来没有试图逃避债务。当包括美国和英国在内的其他国家厚着脸皮废除金本位制时，法国不是全世界唯一遵守金本位制的国家吗？出于这种考虑，我买进了大批这种债券。我毫不怀疑，法国政府在情况再次正常后会马上履行其书面义务，以瑞士法郎、荷兰盾和美元形式偿付利息和已经到期的本金。

于是我决定去找财政部的主管部门。在那位彬彬有礼地接待我的高级官员面前，我是这样说的："尊敬的先生，我是华尔街的股市专家，我的特长是欧洲国家债券。在战争期间和战争之后我买进了债券，因为我对债务人深信不疑。我坚定的乐观主义态度告诉我，只要法国有能力，就马上会证明自己是世界的绅士，偿付其债务。"

所有这些债券都先后得到兑现，我只听到了一个不和谐声音："您的 3¾% 门德尔松债券，您知道所有的条款：可在各地以法国法郎、荷兰盾和美元支付。"我发现我的谈话伙伴做出一副头一次干坏事就被抓住的老实人的样子说："毫无疑问，但是您了解局势。这段时间很艰难。我们缺少的不是好的愿望，而是外汇。"

"这我知道，但是我想出了一种办法，可能您能帮我。"

"请讲，我听着。"

"财政部以受管制的法郎偿付我债券的所有债券价值。也就是说，这些法郎只允许在法国用于某种交易（这种受管制的法郎已存在于外汇交易中，在自由市场上以低于官价 5% ～ 10% 的价格被交易）。"

我知道，我在华尔街上会找到这些法郎的买主。这桩买卖对我来说还一直有意义：国库不需要花出外汇，同时我可以收取普通价值的 90%。

"我同意，"官员回答说，"这个建议在我看来很公道，您有多少这样的证券？"

我告诉他一个比我拥有的多得多的数字，他同意了。

离开财政部后，我只有一件事要做：到邮局去给我在苏黎世尤里尤斯·贝尔公司任职的好朋友恩斯特·加尔打电话，让他尽可能多地买进 3¾% 门德尔松券。只要我还买得起，花掉最后几分钱也不怕。动机很清楚：所有对法国国库来说价值 90% 的债券，对投机者来说，一定有 10% ～ 30% 甚至更多的价值。

您会说：事情美好得不像是真的。

但我能再次证明自己的观点：股市上什么事情都会发生，哪怕是不合乎逻辑的事。故事的结局是一年之后，政府宣布可以根据债权人的愿望，用瑞士法郎、荷兰盾和美元偿付全部债券。

形而上学的思考

我的股市晴雨计

我常常提到去交易所的参观者和日内交易投机者，并对他们做过尖锐的批评。

全世界的这类人都有一个共同的特点：他们总是通过自己在股市交易上的眼光，看待每一件事。这有时甚至导致大脑思考的退化。对他们不利的政府规定或官方决定，他们会立即判定是专制的、不道德的或者违反民族利益的。而当这些决定正合下怀时，他们会说这是聪明的、道德的和符合民族利益的。

如果和一位股票商谈论世界大事，我马上可以从他的观点中得知他做了哪些股票交易。投机者在股市行情里看到的只是国际、政治或金融事件的反应。他们坚持做政治和经济方面的预测，而仅仅以股市的趋势为依据。对他们来说，股市不仅仅像很多国民经济学者说的是温度计，甚至是一个晴雨计，它能预知经济和政治的未来气象。

我也有一个晴雨计，但完全是另一种……

其他人把股市当作晴雨计，而我有一个能预测股市的晴雨计。事情是这样的。

华尔街最后一位银行家族的成员 J.P. 摩根死后，他的私人物品在纽约拍卖行被拍卖。在那许多贵重的物品如蛋白石、镶金的小木盒、嵌有钻石的小摆设，还有玉和水晶中，有一件钢制的小东西引起了我的注意。

我那时还是华尔街的新手，对摩根的声望印象极深。我很想要一个小吉祥物。这一小块钢是唯一我能买得起的东西，它就是 J.P. 摩根的晴雨计，一直放在他华尔街 23 号小宫殿里的办公桌上。那座宫殿还保留着炸弹爆炸的痕迹，那是一个复仇狂投机者扔的。

花了 30 美元，我成了晴雨计幸福的主人。我像 J.P. 摩根一样，把它放在我的办公桌上。几天之后，我发现它是不准的。当它显示"晴好"时，天气则变坏。当下瓢泼大雨时，它却坚定地显示"晴好"。它的反应真的不对。

在发觉了这一偏差后，就试着去解释它。从中我发现了非常特殊而又非常神奇的事：这个晴雨计当然显示天气，但却是华尔街的天气，这是一个股市晴雨计。谁知道，也许这里面藏着摩根银行的秘密？

我陶醉于自己的发现，很快向我的朋友们讲了这个故事。

他们非要把这一奇迹尽快散布出去。一位高级记者报道了这件事。他是《纽约时报》的最著名的专栏作家。这持续了几天,声誉是会过去的——我成了名人。电报和信件雪片似的飞来,都在问我:"晴雨计显示了什么?"

从那以后我把它当作宝贝珍藏起来。它还一直运转良好……

不久前一个人写信给我,他无法解释我的魔力晴雨计任性的表现。我现在只能希望,他能马上找到这个谜的答案。

匈牙利的皮提亚

我有一只有魔力的股市晴雨计,可以比我的很多同事早几年得到"更准确的"信息。

我休假时在家乡布达佩斯住过一段时间,开心的是,在那里不用讨论股市的前景。谁会对那样一个国家的股市有兴趣呢?见我如此失望,一位好友在我到达不久之后,就带我去见他的一个熟人。我听说那个人是很纯粹的股市玩家,所以也想认识一下。而且我也听说过她的大名。她叫芭芭拉·希尔比,是一位虔诚的犹太老妇人。在我还小的时候,她就是布达佩斯出名的算命大师。摄政王霍特,总理格拉夫·贝林都曾经是她的忠实客户或患者。每年新年,媒体都会发布她对来年12个月的预测,她被看作匈牙利的皮提亚[⊖]。

她的邀请却并不令我感到愉快。我一点儿也不想知道丝毫关于我未来的事情,因为每个新的交易日带来的惊喜,对我来说是个甜蜜的消息。但我的朋友向我保证,此行绝不谈什么预言占卜。相反,芭芭拉想从我这儿听点儿别的东西。因此我们就踏上了拜访匈牙利先知之路,就是去布达后面的山里。

在一个杂物间里,这位打扮吓人的老妇人接待了我们。破旧的圈椅在她沉重的身子下呻吟,不通风的房子里乱得无法形容。但当她一开口说话,全部印象立刻改变了。她的谈吐高雅,显然受过良好的教育,她还完美地掌握多种语言。

"那么,我亲爱的孩子,你就是那个在交易所投机中创造出美德的人。你看起来懂得交易所捣鬼这套把戏,如果能从你这儿听到或学到些什么,我会感到很高兴。"

我不能相信自己的耳朵。这位外表看来一贫如洗的老妇人是如何知道道琼斯工业平均指数、行情与获利的关系和可转换债券的?尽管这听起来非常奇怪,但对我来说向她传授交易所的真谛也是件乐事。我在她那儿待了几乎两个小时,发现她是一个十分聪明和好奇的学生,这令我开心。告别时我向她承诺,会与她保持联系,并经常将我对世界不同交易市场的看法写信告诉她。

⊖ 古希腊传说中的女祭司。

当我几星期后又回到西方时，我向我的熟人讲述了这次会面的经历。我听说，有四个匈牙利裔的外国人——一个在苏黎世、一个在伦敦、一个在日内瓦，另一个在纽约，个个都是诡计多端的交易所阴谋家，他们与我新认识的朋友早在几年前就有了联系。他们定期寄给她礼物和包裹，作为回报，他们从芭芭拉那儿获得关于全世界交易所的预言，有时是必定无疑的，如"秋季在华尔街，把所有的股票卖掉"；有时是神秘莫测的，如"在巴黎，将全部以 P 开头的股票买下"；有时甚至是轻描淡写的，如"在苏黎世，黄颜色的股票将攀升"。

为什么不呢，我对自己说。她跟着自己的直觉走，这种直觉一定有某种原因。也许她从那些不理性的经纪人或者银行家关注的事件中找出了答案。事实上她在那个杂物间里，对四个国际职业投机家的交易操作产生了影响。

从我拜访后，她便开始使用一套新的工作系统——直通热线。我从巴黎将我的"智慧"寄给远在布达佩斯山中的她，在那儿她立刻以她预测的名义将它向世界的四个角落继续传递出去。借助这条新的线路，芭芭拉的建议肯定变得更内行了，但她的预言是否得到了应验，这一点我今天不能再多说了。

股市、爱和激情

逝去的爱

像在克洛格那一章写得那样,我在人生旅途上,很早就看穿了金钱的用处,但是对我的同事、投机者、经纪人等人,我不能讲同样的话。

我总会想起一个人:他以他的方式成为一个很特别的人,整个人都与股市结为一体。他住在维也纳,但是他也可以在世界上的任何其他城市生活,条件是那里有交易所、电报和电话。他的隐居生活充满了堆在办公室里的电传、各种各样的年鉴、世界上所有的行情报表和金融杂志。如果他赢了,这种生活便会被一丝微笑照亮。对他来说,只有墙上的行情曲线和脑子里的数字——其他的一切,对他来说都无关紧要。连他的时间分配也由股市决定。他大步走在街上,眼神直愣愣的,什么也看不进眼里去。他不看橱窗里的皮大衣,不看珠宝店里的钻石,也不看广告牌上招引人们参加假日旅游的漂亮姑娘。他像赛马一样戴着眼罩。他看到的只有交易所。天可以下雨、打雷、出太阳，对于他来说，只有一个气候最重要：交易所的气候。他跑，为的是在第一声铃响之前到达那里。股市收盘的第二声铃响，在他看来像是丧钟。

幸好他可以在回家之后延长他的享受。在他的办公室里，他以电传、电话的方式与国外联系。股票、债券、外汇、原材料，这是他生活的世界，并认为自己在这里很幸福。

像人们说的，他中了投机的魔，一切都与投机相关，一切又都从投机出发。当他刮胡子的时候，想到的是"吉列"股票；当他打字时想到的是"雷明顿"股票；当他点饮料时，想到的是"可口可乐"股票。日常生活中的每一件物品对他来说都是交易所的一只证券：他衬衫的棉布、他领带的丝绸、他喝的咖啡中的蔗糖，以及所有可以投机的大宗商品。关于春天，他只知道巴黎同样名称的百货公司（Au Printemps，春天百货）的行情；关于蒙特卡罗，他只知道"摩纳哥海浴公司"的股票。

一天早晨，他带着比平时更大的热情奔向交易所。电台报道了一条关于一家公司不利的消息，他在这家公司做了卖空投机。对他来说这是一条好消息，他很高兴，不单是因为盈利，更多的是因为满足。他一步四级台阶地快速走上交易所的楼梯，已经听到了跌势的音乐。他的耳朵没有接受过欣赏莫扎特或巴赫的教育，但是它们能够准确地区别上涨的大调和下跌的小调。

"那走廊的梯子做什么用？我想从它下边穿过去。不向命运挑战，我有可能毁了我的重要登场！"

突然他被吓了一跳，好像他挨了当胸一拳。一位金发女郎站在梯子上，在朝他微笑，而他站在那里看着她，从头到脚地打量着她。"这是胡闹，我疯了，"他想，"难道她在冲我微笑吗？"然后他消失在交易所大厅里，但是那一丝微笑一直跟着他。他几乎看不到对他来说极好的行情，他的手略微颤抖，他听不见同事们的祝贺，那奇特的微笑还一直在那里。他觉得自己看到的到处都是那恒久的微笑。最后铃声响了第二遍。他是否在回家的路上还能再见到她？不，她不在了，连梯子也不在了……他好像做了一个梦。在街上，他走得不那么快了，每个事物都有了意义。从橱窗里的模特身上，他看到的是那位金发姑娘，宝石在那里微笑起舞。广告牌上姑娘的微笑在邀请他去旅游。

家里的电话铃响了，但是他没有去接。电传机啪嗒作响，但是他一动不动，根本不去看。在这个晚上，从他办公室发出的电报要少得多，而接到的电报他根本不去打开，他不去关心国外交易所的收盘行情。纽约、芝加哥、布宜诺斯艾利斯对他来说已经不存在了。夜幕降临时，他无法入睡。他眼前掠过了他的生活，没有微笑的空虚年华，富于冒险，但只是投机冒险而没有人情。直到早晨，他一直在盘算，毫无意义地认为他会再见到她，一切都会改变，时间仿佛停止了，他倍加焦急地等待着去交易所的时间到来。

那位年轻姑娘却不在那里，他失望了。同事们注意到，在他作为股票交易商的生涯中，他似乎头一次做与行情无关的事。交易所收盘的铃声一响，他就马上紧张地、心不在焉地消失了……

她在那儿，通过打开的窗户，他看到她正怎样在镜前梳理她那长长的金发。在一个突然的闪亮的瞬间他们的目光相遇了——一个火花，好像他对她说"等着我"！而她的回答是"好的"。

在回家的路上，他经历了一场真正的悲剧。当他到家时已做出了决定。他毫不迟疑地投入了工作。唾手可得的生活就在那里，他终于想抓住它。一连几天他都在发电报、下订单，但这回不是做新的投机。相反，他撤掉了所有订单。他将空头平仓，卖出了持有的证券。一个星期后，他结束了所有的交易。然后他起身去国外，拜访生意上的朋友、结算所有的款项，结束一切业务。

在他旅程的最后一个晚上，他做完了账户的最终结算，装好了箱子，踏上归途。现在将开始真正的生活。他将把钱存在储蓄所，再也不去想股市，他还要去一次交易所，但只是为了在门房前停下脚步。他将牵着那个姑娘的手和她一起出走，像童话里那样他们将幸福地长久地生活在一起。他梦想着……"我终于找到你了！一个星期以来我到处打电话找你！"

一位他的老朋友，经纪人和投机者，他碰巧也坐在同一趟车里。

"您想不到，"他继续说，"我发现了20世纪头号的投机生意，一件非常特别的事。"

"我对此已经不感兴趣了，我退出了交易所。"

"您疯了吗？这是一个糟糕的玩笑，不能浪费时间，您听着，这是关于……"

"这没用，我刚说过，我放弃一切。我对投机已经够了。"

"但是您听着，您将马上看到……"

他试图反抗，但是另外一个人已经挡不住了。

"现在一定要买皮革——纽约交易所的生皮。这是一个万无一失的主意。虽然价格过去已经上涨，但是现在还在涨，而且将来还会继续涨很多，俄国人能得到多少就买多少。他们搜罗所有的东西，在全世界所有市场，在阿根廷和加拿大，人们冲向他们的代理人。他们造成了商品紧缺，德国的鞋厂由于缺少皮革原料而必须停工。"那位经纪人越说越兴奋，他属于那种能被某个想法振奋，彻底地实践它并把他的振奋传给他人的人。

"请您理解我，"他继续道，"真皮的价格发展与其他产品没有关系，真皮是副产品，人们不会因为皮而杀牛，而是因为肉。

一般来说当原材料价格上涨时，生产会受到刺激，比如铜，就是这样。几年前，当价格上涨时，人们让长期闲置的铜矿再次投入生产。同样的事情发生在橡胶上，不久前也发生在威士忌上，谁知道现在是否在镍上也有类似的发展呢？

"但是真皮与此完全不同，它的价格会升上天——只要肉的需求量保持不变。屠夫们不会多杀牲畜，而肉的需求量在下降。小牛肉被越来越多地食用，在美国越来越多地吃猪肉、鱼和禽类，这还没提日益上升的素食者的人数。您将看到，真皮大幅度的产量上升是没可能的。"

"而在另一方面，人们又看到了什么呢？是无法估量的上升的消耗。俄罗斯人用他们成吨出口鱼子酱和螃蟹得来的外汇做什么呢？他们能得到多少皮就买多少。"

"举一个士兵的例子。他的靴子、他的鞋掌、他的腰带、他的子弹套，所有都是皮做的。有冬天穿的靴子，有夏天穿的靴子——全世界有多少士兵？有多少必须从头到脚全副武装起来的军队？有多少还没有鞋的不发达国家？

"现在您不会说我没道理！"

证据多如雨点，地理、政治、一切都用来证明一条理论：必须买生皮。

"在当今的国际紧张局势下，朋友，一定要做生皮的投机。只要世界上任何一处有火药味，就马上需要生皮。"

"我根本不反对这一切,您有道理,但是我再重复一遍,我退出生意。"

"那好,我不强求,但是如果您改变了主意,这是我的电话号码……"

说完这句话,两人就分手了。我们的朋友在他的卧铺包厢里度过了一个可怕的夜晚。他辗转反侧直到黎明,他梦见靴子、素食者、子弹套、杀鸡的屠夫、俄罗斯鞋掌,后来他又看到了梯子上的那位金发姑娘。

从旅途归来后,他马上回家。他的房子与平时相比彻底变了样。墙上不再有统计数字、行情便条,没有电传机,所有这些都在他的旅程之前被取走了。当他刮胡子时,已不再想"吉列"股票。穿衣服时不再想棉花的行情,而且他可以不用考虑丝绸的价格就系上领带。他应该开始一种新的生活。他第一次在镜子里真的看到了自己,一些皱纹,很多疲倦,他开始思考并对着镜子中的自己说:"你疯了,你不能这样,从今天到明天就能丢掉一切。人不可能这么容易地脱胎换骨,这不像掸掉衬衣上的灰。"

还没有完全清醒地意识到这一切,他出于老习惯走到电话机旁拨打了他的经纪人的号码:"请您在纽约交易所为我购买 X 生皮期货。"

这个合同数目巨大,达到了他资本的极限。他必须把准备存进储蓄所的钱拿出来做保证金。

他安静地坐在他的写字台前,又重新开始了他的生意。电报又发了出去,电传机又装好了并迅速地打着。后来他由于生皮期货,又每天走向交易所。他很高兴没有错过这一机会,并已经计算着他未来的盈利了。他没有再向门房室方向看去。他怕他自己,他又成了早晨第一个来,晚上最后一个走的人,并总是站在交易所大厅一角他一贯的位置上。

那么生皮又怎么样了呢?

艾森豪威尔总统邀请苏联主席尼基塔·赫鲁晓夫访问美国,这是缓解局势的一大步。议事日程上是和平共存和裁军。人们试着忘记靴子和子弹套。生皮的价格大跌。

我的朋友失去了他投入的全部财产。友好的世界大事就这样惩罚了这场未完成的浪漫的主人公。

我也因此损失了一点钱。我也同样无法抵御那"找不出瑕疵"的证明和成功的吸引。但是我不应再受惩罚了,我很早之前就受过了。就这样,另一个20世纪头号的投机生意以破产而告终了。

只需等待,下一个20世纪头号的投机生意是什么?我想。

在我写完这段真实的故事后,我在维也纳的莫扎特咖啡厅约见作为这篇文章原型的朋友,并把故事念给他听,他聚精会神地听着我的叙述,赞同地点着头,没有皱一次眉头。在最后,他意味深长地说:"很有意思,安德烈,但是我要对您说,现在必须买五花肉!"

特殊搭档

布达佩斯也有过喧闹的时代,那是很多年以前,但它是布达佩斯交易所特有的故事,也许是因为那故事发生的如画的背景,或许也因为投机和幽默有时手牵手一同向前。

"匈牙利色拉米股份公司"生产的著名香肠是米兰色拉米香肠的竞争产品,至今还在匈牙利的出口业中占重要地位。生意兴隆,人们开始急切地在股市做这家公司股票的投机,价格一直从 50 涨到了 300。对这个行情觉得"可笑"的一些投机者决定结成卖空联盟。他们坚信上涨的行情会马上转变,色拉米香肠虽有毋庸置疑的好质量,但不配有这么高的股价。这是很合乎逻辑的想法。但是股市上 $2 \times 2 \neq 4$!

简单地说,行情下跌是出于一个与逻辑性没有任何联系的理由,但是很久以后,这次聪明投机的精神之父卷入了一场真正的世俗闹剧中。

她魅力无穷,而且还卖弄风情。

他,她的丈夫,是布达佩斯一位著名的银行家和富有经验的股市玩家。

第三者，她的情人，也是一位富于激情的投机者，碰巧是垄断集团的头头，只等着色拉米股价的下跌。

她非常想得到那条绝妙的钻石项链，几个月来她一直在布达佩斯最高雅的购物街上那家大珠宝行的展窗里观赏它。第三者愿意把它送给她，但是她怎么才能向她的丈夫解释呢？两个人决定耍一个小花招，自从世界存在以来，这类花招就常用在轻信妻子的丈夫身上。

在她请求丈夫送给她这条钻石项链之前，她悄悄地来到珠宝行做好这项绝妙计划的准备。

第三者，她的情人，要付这条钻石项链价格的3/4。这已是很大一笔数目，然后这件首饰要再回到展柜中。然后第二个买主，她的丈夫到来，他看到另外一个价格：剩下的原价的1/4，一个相对不重要的数目。在这样一次降价的购物中他肯定会毫不犹豫地为他的夫人买下这条钻石项链。

她暗示她即将到来的生日和珠宝行的机会。

丈夫觉得这一切有一点奇怪。

"这么便宜的钻石，我不喜欢卖不出去的货。用降低了的价格给你买生日礼物，这不是我的风格！"

尽管如此，他还是去了珠宝行，而且觉得钻石项链和价格都非常符合他的品位：他付了现金，揣起首饰得意地走了。"一切如愿以偿。"珠宝商立即通过电话告诉了他的女顾客。

日子一天天过去了，丈夫悠然自得。她等待着那条钻石项链，但它却不来，最后她控制不住自己，开始独立地进行侦察。钻石项链没有离开这个城市，只是在另一个人——布达佩斯最漂亮的歌剧女演员的脖子上闪闪发光，她经常与丈夫这一伙人在一起。

事情传出后，整个城市都把它当成笑料。这折磨还不够，丈夫又决定惩罚他不忠实的妻子，由于气愤和暴躁，她已变得无法忍受。他必须维护自己的名誉，除掉他的对手！为达到这一目的，他选择了比决斗或手枪安全得多的武器，他要以操纵股市的方法进攻……他对手的要害之处是"色拉米"，他做了很大一笔卖空投机。在这种情况下，在股市上针对卖空投机者经常使用的战术叫"逼进角落 r"。

在期货生意中，多头买入，却不马上交割；卖空者卖出，也不马上交割。如果做多者能设法以期货方式买下比实有量更多的股票，那么卖空者会感到喘不上气来，因为他们不能及时地发现自己卖出了比实际拥有量更多的股票。在到期日他们无法交货，必须到多头那里以高价购买还缺少的证券。

受害的丈夫搜集了所有上市的"色拉米"。价格从300涨到1000、2000，最后到3000多。当再也找不到股票后，他向德国贷款人借了新的资金，继续购买。

在到期日，卖空者必须向对手的条件低头，这些条件代价巨大。

丈夫的胜利为时不长。他和他的银行损失了更多,因为他们不谨慎地在一次单单的"惩罚行动"中为一种证券付出了高于实际价值10倍的钱。当他们无法脱手没人要的"色拉米"时,不得不倒闭。第三者当然也由于巨大损失而陷入了困境。

这个故事是一个例子,它告诉我们在同一桩买卖中,多头和空头会承受同样的命运:破产!

过去几十年发生的事,分开了我们这个故事中的主人公们。那位珠宝商在纽约麦迪逊大街的商店里又卖了好几年钻石项链。大约20年前,我在圣保罗遇见了那位大方的情人,当时他仍在做投机交易。那位由于自己的错误而破产的银行家,在巴黎自杀了,他的夫人死在意大利。歌剧女演员可能还在好莱坞,她失去了她的好嗓音。而那条项链呢?消失在风中!

女人与股市

经常有女士问我,女人必须了解哪些有关股市的事,这其实并不多。股市是男人的战场,女人更多的是要了解在股市上游戏的男人;男人从股市上得利,而女人从这些利益上再得利。

股票交易商花钱大方而轻率,因为在股市上赚钱有时是很容易的,容易得让人有兴致用钞票点雪茄烟。如果一个人有这种幸运，那么他根本不会想，这种不费力气赚来的钱通常只是借来的钱，因为在下一次的骤变中经常必须全数交回。

这种轻易得来（但不是挣来）的钱中的大部分，我们股票交易商（因为我们会献殷勤）是花在女人身上的。

如果一切顺利，如果行情上涨而我们都从上涨中得了利，那么女朋友们的日子就好过，但如果幸运转盘转向行情下跌，首先受苦的是妻子们。

究竟什么是上涨和下跌？我的一个老朋友对此做了最好的回答，当时他儿子向他提了同样的问题："儿子，上涨是香槟、鱼子酱、汽车、美女……而下跌，我的宝贝，是一杯啤酒、两根香肠、公共电车、你的妈妈。"

我认为没有哪位经济学家曾对上涨和下跌，对经济繁荣和危机下过更贴切的定义。

但也有一些股票交易商，他们做下跌行情的投机，一个聪明的女人应该总是找一个卖空投机者做情人以防意外，那么她的优裕生活就在任何时期都有保证。

股市的运气变化之快，就像风向标，即使最聪明的投机者，也不能总知道它什么时候转向。女人知道这一点很好。我们男人的精神状态与行情平行发展，在艰苦的时期，女士们要耐心等待，丰收之年肯定会再来。

女人怎样表现，对一个股市玩家相当重要，很多投机者失去了耐心,从而失去了钱,只是因为他们的女人在艰难时期不理解他们。

不,做一个投机者的妻子或情人是不容易的。股市甚至决定了日常生活的气氛。假期、新车和皮大衣经常化为乌有,只是因为行情没有像人们所希望的那样发展。

有的男人在紧张地工作一天之后,愿意用半只耳朵倾听妻子的轻轻啰唆,但是股票交易商不同,他们需要辩证、讨论和说服,仿佛在他们面前的不是自己的妻子,而是客户。

但是即使不懂"股市技术"的基本知识,女人们也可以从股市获利,维拉·卡门就是一个例子。

直到今天我还记得和好朋友艾莫里希·卡门的一次长时间的通话,他不仅是维也纳歌剧界的名流,而且对股票交易有极大的兴趣。

在这次巴黎与维也纳之间的通话中,他问我,为了给他妻子维拉在卡地亚降价销售时买一颗钻石而卖出价值10万美元的股票(按今天的购买力这相当于25万美元),这从储蓄角度上是否正确?

我必须承认,一小时之前,维拉也从巴黎打来电话请求我建议她丈夫做这次"投资"(理由是她所有的女朋友都已经有了漂亮的钻石,只有她还没有),几天之后,这只戒指点缀在美丽的维拉·卡门纤细的手指上。

从理智上讲，保留 IBM 或施乐的股票更好，但是人们当然会问，占有这一罕见的戒指，戴上它并展示给女朋友们的享受，是否比一次交易所得盈利更重要。

另外，我有经验，对一个男人来说，他的妻子或女朋友对宝石、皮大衣等感兴趣，比对银行账户感兴趣，危险要小得多，因为后者没有边际……

战后我有幸在瑞士碰见了我在音乐王国的偶像——理查德·施特劳斯，并成了他的朋友。我们经常坐在一起吃饭，我贪婪地等待着听到大师的一个关于音乐的词，但是徒劳，我们只谈钱。他的妻子包丽娜想知道有关股市的一切。

股市像谜一样吸引着人们，下面的故事在我看来很典型：我的来自布达佩斯的好朋友杰诺斯是一个精通文化，特别是文学的人。我想让他高兴一下，请来了我的邻居朋友，法国作家和协和奖得主 M.C，他还是艺术评论家，在美国担任法国文学教授。我本来想在法国人面前炫耀我的匈牙利朋友，可惜计划的文学交谈没有实现。因为我的贵客用关于电子、油价、货币和货币市场的问题给了我一通狂轰滥炸。我可怜的朋友杰诺斯一句话也插不上。他悲伤地坐在桌旁，计划的文学午餐泡汤了。

我承认自己的名声。所以我警告所有好客的女士们，如果她们接待艺术家、作家或其他灵魂高雅的人，就不要邀请我，我在场就会破坏气氛。

"加冕街辛迪加"股票和爱闲聊的母亲

在 19 世纪末，人们在想，这个世纪发生了这么多事情，人们的淘金梦已经结束了。人们不知道是谁第一个在特兰斯瓦尔发现了金矿，但是人们相信那是属于沙巴女王的财产。

这种幻觉很吸引人，而且开始时的困难很多：缺少熟练工人，没有重型机械，特别是缺少用来开山的硝酸甘油炸药，运输也十分困难，只能靠人工开采。那个地方很快从淘金人的宿营地，变成了繁华的城市——约翰内斯堡，也造就了直布罗陀的赛西尔·罗兹金融世家。

黄金不是想象里的东西，它就埋在那里，只需要人们采掘出来，这带来了新的繁荣。资金再次涌入英国股市，尽管不久之前，人们对南美洲的失望导致股市遇冷。一系列新公司成立了，投机炒作重新兴起。人们被黄金迷惑住了，筹集资金一瞬间就能完成。一名马戏团前丑角演员巴尼·巴纳托（Barney Barnato），是这场市场骚动的指挥。和以前一样，公众对这些股票表示出了极大的热情。一家新公司已经募集了资金，还没有用完，就开始又一次募集。在 1867 年成立的林珀矿业公司之后，市面上又出现了很多同类公司。德国人也参与进来了，尽管市场上不缺资金，帝国的大量资金还是流入了市场。法国人对黄金的热情高涨，也投入到投机炒作之中。

法国储蓄人愿意投入资金开发任何矿产资源，不管是在南非德兰斯瓦的金矿、罗得西亚和西班牙的铜矿，还是世界各地的石油和铀矿山，而这一次是黄金。在法国人眼里，黄金就像是圣物一样珍贵。

人们喜欢每次讲一个不同的故事。伦敦的金融家贝特是这样讲的：他给住在汉堡的母亲邮寄了一个密封好的小包裹，里面装着自家公司的股票。在附信里，他告诉母亲，那些股票很快会上涨10倍。但是在任何情况下都不要拆封，因为这是她儿子购买的库藏股。

这位银行家猜到母亲一定会克制不住好奇心，打开包裹来看，而且会把这件事当作谈资，在茶余饭后告诉自己最要好的朋友们。这件事很快就在城里传开了，当然是像小道消息那样秘密传播的。几天后，汉堡人买下了伦敦所有能买到的那只股票，而那位金融家也就不需要再工作了。

1895年夏天，投机炒作热潮达到了顶峰。股价已经失控。"加冕街辛迪加"股票在几周时间里就从每股10英镑涨到了每股2000英镑。它甚至都不是一家矿业公司。"加冕街辛迪加"只是一只很普通的股票。

造成市场动荡的那些金融机构不再有兴趣维护市场行情，它们的股票都已经卖给了别人。这个市场摇摇欲坠，一阵轻风都能将其吹倒。人们应该知道这种情况是怎样形成的。

真正的原因是什么呢？也许是因为企业勘探矿藏的结果令人失望，也许是因为工人罢工，或者其他政治上的难题。一般来说，是什么原因并不重要。任何一个不起眼的小事件都可能打击股市。股价缩水了90%，有很多上市公司的名字已经消失了。

大约百年之后，这个源头仍转回伦敦，"加冕街辛迪加"公司和那些高贵的德国商业银行也没有太大分别。我在1987年4月的《资本》专栏里，专门谴责了这种现象，我写道：我的看法是，德国银行的股市政策完全是不负责任的。它们耍弄的是最古老的伎俩（每个经纪人都熟悉这些），只是撺掇公众买卖股票，不管好股票还是烂股票，全部兜售给人们。

并不是所有外国机构投资者都很热衷德国股票，因为他们应该知道，德国市场非常狭小，一定会碰到交易瓶颈问题。外国人（尤其是美国人和英国人）仅靠强势的马克汇率就能赚到钱，而德国人就会比较麻烦，他们一定会后悔当初听了那些人的怂恿。

德国储蓄者有钱，但是精神容易紧张，想等到最好的时机才出手。他们的损失可能有限，但会遭受永久的伤害。德国股市的市盈率确实很低，但是不能保证以后几年是否也能达得到之前的收益。

他们在操纵新发行的股票时的做法尤其恶劣。人们怎能想到那些世界上最大的知名的金融机构，会把一家鞋厂的股票推销给客户，而它们早就知道这家鞋厂在从美国进口货物时遭受了重大损失。

它们为这次股票发行制作了大型广告，结果并不令人惊讶，发行价格高达310马克，这个价格可以买到一股保时捷的股票，或者三股费尔磨坊的股票了。而当时确实有许多小储户在参与认购。

这只股票首次上市交易时的价格是每股500马克，然后这只股票在德国交易所挂牌，好奇的德国人把它的价格推高到了每股1500马克。我实在不明白，这玩的是什么把戏。这不只是那家金融机构的污点，也是整个德国金融界的一个污点。

所以人们认为股市交易不可靠。有关责任人员应该监管操纵行为，并更多支持投资者购买蓝筹股。储户应该投资后者，而不是那些没用的股票。蓝筹股的价值是那些股票的三倍。

我写了四年这类文章，现在股民可以容易地分辨出烂股票用来吸引投资者眼球的做法了。未来，股票购买者还是应该小心谨慎！因为这种糊弄人的股票以后肯定还会发行。

艾居鸡尾酒还是国饮

几年来人们一直在谈论一个可能的欧洲统一货币"艾居"

(Ecu），这个欧洲统一货币的名称是非常幸运地选出的，因为这三个字母代表着"欧洲货币单位"（European currency unit），但同时这也是法国 1266～1653 年铸造的不同面值的旧式硬币的再生。

欧元其实是一种鸡尾酒，由比利时／卢森堡法郎、德国马克、荷兰盾、丹麦克朗、法国法郎、意大利里拉、葡萄牙埃斯库多、西班牙比塞塔、爱尔兰英镑和希腊德拉克马混合而成。

我也可以把它称作指数，例如纽约交易所的道琼斯指数，它是由美国 30 种最重要的工业股票构成的。这个理论上的货币当然有每天的牌价，它和道琼斯指数一样是计算出来的，但是正如道琼斯指数不是股票一样，Ecu 也不是货币，当然人们可以用这个理论上的计算单位进行贸易，甚至发行债券、缔结债约等，就像在纽约交易所上可以官方买卖指数一样，但是这不意味着 Ecu 是一种货币，因为组成 Ecu 的不同货币的汇率，彼此之间有很大的差别。

货币共同体肯定是所有富于激情的欧洲公民的希望之梦，但它对一个政治上统一的欧洲来说，既不是基础也不是条件，相反，统一的欧洲是一种欧洲共同货币的条件，即 Ecu 的条件，如果它将来被引进的话。因为一种货币无非是由金属、纸甚至塑料制成的筹码，人们用它来购买相应国家的产品、支付工资，等等。这一在欧洲国家作为支付手段的筹码，即钞票，必须由一个共同的欧洲中央银行来发行，而这个欧洲中央银行在今天也只是一个远离现实的希望之梦。

其至迈向欧洲通用货币的第一步，即所有欧洲联盟国家彼此之间的汇兑平价，也十分困难，如果人们不时地在一夜之间不得不把外汇平价调整10%～20%，那么固定的汇率又有什么用呢？对企业家和商人来说，这种突然的升值和贬值更危险，稳定的汇率和无限的货币兑换可能性是一致的。

而这种货币兑换可能性在将来几乎肯定朝一个方向走，即德国马克。当法国或意大利的公民出于某种原因再次陷入慌乱时（我们在过去的几年已经经历了很多次），联邦银行必须接收多少法郎或里拉必须有一个答案，或者对这个问题也必须做回答：当法国投资者把他们的钱成吨地兑换成其他货币时，联邦银行应该做什么？

每当我听到计划中的欧洲统一货币时，总不禁想起当时的奥匈克朗，它在1878年（在奥地利和匈牙利重归于好并统一的11年之后）至1918年（皇家帝国瓦解）之间出色地完成了它的任务，因为两国不仅拥有共同的关税区，而且拥有共同的军队和外交政策，即由多民族的强权统治，同一个君主、皇帝和国王，批准两个国家的自由议会的法律，两国的法律必须由同一个国家元首（它同时也是匈牙利的国王）签署，在所有国家间题上都有如此强的凝聚力,所以奥匈发行银行能够共同发行一面是德文,另一面是匈牙利文的钞票(而货币的名称以小写体印制了帝国不同民族的 8 种文字)。

多亏严格的黄金本位体制,奥匈克朗直到一战爆发时都可以换成黄金,对奥地利和匈牙利的企业家、商人、农民、退休者和纳税人来说也是同一个利息和贷款政策。尽管匈牙利痛恨奥地利和哈布斯堡王朝,但帝国仍有能力保持这种复杂的结构,匈牙利民族主义者的一句名言说道:"不管奥地利说什么,匈牙利就是不相信。"

但是今天,每一个欧盟国家的中央银行都实行独立的利率和贷款政策,它服从于各自的社会、税务和经济政策以及不同的内政发展,而这些又受到其他因素的影响,例如民族性格、生活方式,还有工会的态度,甚至这些不寻常的人也随时变化:有时和平,有时好斗;通货膨胀在一个国家能高于 20%,而在另一个国家低于 2%。

一个共同的欧洲中央银行必须以同样的条件给所有的欧洲企业发放贷款,企业家在各国必须给工人支付各地工会所接受的工资。欧盟国家必须达成共同的税务政策上的一致,当然还需要同一个通货膨胀率和同样的内政发展,这在短期内几乎不可能,到目前为止,连在汽车尾气过滤器问题上都无法达成一致,甚至在引进夏时制问题(真的只是一件小事）上，为了达到欧洲范围的意见统一，用了好几年的时间。

  欧盟国家彼此之间如此差异，以至于它们不能够对一个共同的生活指数的基础使用同一种产品，因为某一件东西对一个国家的消费者来说，要比对另一个国家的消费者更重要。我们等着"欧罗巴联邦共和国"的中央银行成立，并用10种或12种文字印制它的钞票。

我对美国和美元的痴迷

实体经济第一

根据我的经验、知识和见解,我必须得出下面的结论:一种货币的命运直接与一个国家的命运相连。前面已经说过,一国货币只会在自己的床上死去,也必须只在自己的床上康复,其含金量和未来取决于这个国家的道德和不道德,即它的投资者、企业家、经理、政治家,用一句话概括:取决于该国的经济实力。

决定因素首先是起主导作用的国家心理:对自己的能力和未来有没有基本的信心。有了信心就几乎有了一切,财务和贸易收支逆差(尤其是当它与国民生产总值相比不重要时)最终无关紧要。如果没有信心,那么所有的经济和金融政策都不管用。

由于对美国抱有乐观看法,我当然对美元有信心。这种乐观源于一所学校,我年轻时在那里度过了一段时间。第二次世界大战期间,我从大西洋周游到平静的太平洋,从北方到最南方,我唯一的工作和消磨时间的方法是看和听,关注时事,当然还有华尔街,并根据经验进行分析。我从这所学校学到的一切,构成了我今天对经济、政治和金融的一点见解的基石。

在那段时间里我当然也是投机者,而且一直活跃于华尔街。我也因此付出了可能比在哈佛商学院读书还高得多的学费。所以我的结论是:少做加减乘除计算,多思考,数字只是表面现象,甚至经常只是像肥皂泡一样破灭的幻想。它背后的东西和原因是更重要的。

由于我不仅是股票交易商,而且还是音乐爱好者,所以我的比喻经常来自音乐领域。在18世纪的文学沙龙里,人们最喜欢辩论歌剧:在歌剧中什么优先?什么更重要?是音乐还是歌词?几十年来,我们一直反复遇到这个问题:实体经济第一,其次是金融?还是正相反?我的决定是毋庸置疑的:首先是实体经济。我承认,在我们的政治体制中,金融就像歌剧中的歌词一样有它的意义,但它不起决定作用。

对股票投机者来说,金融特别是在中期会起很大作用,因为一个国家的财政状况会导致不同的政府措施,这对中期的行情变化起决定作用,而对长期的计划来说,则是前面提到的影响因素起决定作用。

实体经济第一,金融第二,例如一家拥有出色机器和产品的工厂，会因为一个不负责任的金融行为而破产，股东有可能失去他们的钱财，但是便宜买下该企业的新的工厂主能够将工厂（多亏它的基础设施）重新振作起来并做到生意兴隆。

或者如果我把人的身体器官与实体经济相比，将人的生活方式与金融政策相比，那么画面会更清晰：生活方式上的错误和罪过无法毁掉一个健康的、坚韧的身体，它们虽然对身体有害并造成很多麻烦，但它们不一定是致命的，但是一个天生脆弱的身体，即使遵循最谨慎和最严格的生活方式也不会再次健康。

轻率的政治领导人也不会毁掉坚强的、有实力的经济，至多会使它暂时陷入困境。同样，最好的会计师进行的最严格的正统财务管理，也无法将疲软的经济魔术般地变为成就。

所以我声称，里根总统不是魔术师，他的成功，其他政治领袖也能做到，没有通货膨胀的经济增长，不是里根的成就，而是山姆大叔的成就。

戴维·本·古里安曾说过："不相信奇迹的人是不现实者。"里根，一个现实而实际的人，当他想同时与通货膨胀和失业做斗争时，他相信奇迹。当里根的计划公布后，一些专家、经济学者和受过训练的高级会计师讽刺地说："连鸡都会笑。"他们彻底忘记了，人们在欧洲从书本上学到的条款和理论，不一定与实际有什么联系；另外其他国家关于经济的经验还远不适用于美国，直到里根的希望实现了，他们才不得不承认，美国以它的经济实力也能够解决在他们眼里到目前为止无法解决的问题，很简单，里根有新的主意。

但是他并非无法取代，乔治·克里孟梭说："墓地上躺着成千上万无法取代的男子汉。"而我则在卡特总统执政的不幸的几年间，当全世界都在嘲笑美国时写道："总统们来去匆匆，而美国岿然不动。"里根赢得了大多数公民的信任，已经说过，这是最重要的，因为我们自由的体制建立在信任之上，没有信任就没有贷款，而没有贷款就没有经济进步。

知识分子蔑视地评价里根：一个戏子，甚至是一个糟糕的戏子。但是难道只有教授、国家公务员或工会领袖有资格通晓政治和经济吗？很多年前，在里根竞选期间，我问我年轻时代最好的朋友（他在戏剧电影界长大，就像我在交易所长大一样），一个电影演员是否能是一个聪明的人，回答是："能十分聪明！但是他不会一直做演员。"

蟋蟀和蚂蚁

今天世界上有许多团体和国家持坚决反对美国的立场，它们试图用所有为它们服务的手段动摇美国的声誉和可信度，甚至破坏其继续发展的实力，武器之一当然是美国的货币——美元。

为了使美元丧失信誉，除了宣传之外还使用一些虽不总是错误但不完全的统计数字，总之这些数字几乎总被错误地引用，有时候是因为人们无法把它们与欧洲的数据相比较，因为记账和核算方法等与欧洲的不一样，但有时候也只是为了误导公众的意见，这就是说，人们使用统计数据，为的是证明用统计数据能证明一切。

例如，人们不断地抱怨美国的财政赤字和巨大的债务，其实今天美国的财政赤字，在比例上不比施密特政府下的联邦德国的高。

人们还必须考虑到，在美国财政中支出最多的军备开支不仅包括了普通经营费用，而且还包括了转到高科技工业里的一大笔数目，人们投入成亿的资金。这与欧洲正相反，在欧洲这种投资不算作军备开支，而是通过给工业的专门补贴来筹集的，而且不算是最少的。与所有欧洲国家相反，在美国不存在增值税，5%的增值税就能一次性地抵消所有的财政赤字。

美国的债务也并不比联邦德国的高，即正好是国民生产总值的50%。在联邦德国，甚至还必须算上待缴退休金（这在美国没有），这实际上是一笔隐藏着的债务，却不被称作债务。这一很难确定其准确数目的财政支出，会根据人口统计的发展而在未来负债越来越多，我认识的其他人都不比我的朋友卡尔·茨莫勒更通晓收支平衡，他预计这一"退休金窟窿"将达到8万亿马克！别忘了，卡尔·茨莫勒说的是8万亿马克的债务，没有办法可以抵消。

一些分析家居然声称，美国的债务比巴西的还要高，这当然是个笑话，是对每个读者智慧的侮辱。

我承认，来自美国的债务数额很大，但是美国的国民生产总值也很巨大，而这些庞大的数据有时令欧洲国家感到压抑，美国真的担不起这个责任，金融状况也类似：美国只要稍微增加货币数量，欧洲就已经货币淤积；美国最小的货币紧缺都会造成欧洲的通货紧缩，不仅是巨大的数字，而且常常是比例失调，这对欧洲来说很危险，但可惜这无法改变。

说到这里我总不禁想到著名瑞典作家奥古斯特·斯坦伯格的一部中篇小说：在矮子的弱者与高大的强者之间的冲突中，大多数人总是站在前者那边，前者受赞扬，后者受痛斥，强大者总不占理。也许强大的人应更多地受到尊敬，矮小者会被爱护。

用所有上面提到的被扭曲的数字和特殊的引用，人们在支持一种传染性的反美主义，而外汇交易商则根据这些数字和贸易的收支进行分析并做相应的投机，尽管今天公布的数字明天就会被校正，而被校正的数字后天又会被修改……

马克·吐温说得多有道理啊："有三种谎言,谎言、恶毒的谎言和统计数字。"

有趣的是,全世界的人都在抱怨美国的贸易逆差,尽管它几年来一直是整个世界经济的"母乳"。不仅多亏坚挺的美元,而且还由于增长的国民生产总值,美国的消费不断提高,人们曾经而且现在还在指责美国人超前享受,花的钱比挣的钱多,年轻人已用喝香槟来取代可口可乐,而西班牙在当今的美元飞涨的时期,真的把它对美国的香槟出口翻了一番。

当然,美国人不是愿意存钱的人,尽管这在过去的 20 年里也有所改变。美国人也存钱,但是和欧洲人的储蓄方式不同,他们不仅有银行账户,而且还有巨大的人寿保险和股票投资,在这些方面他们投入自己的大部分积蓄;另外还有所谓的养老金计划,根据这种计划可以在税务优惠政策下做股票投资,有 10 亿、100 亿的美元投入到了所谓的货币市场基金中,它们由股票经纪人来管理,这种基金每个星期都可以退出,它的利息也是每周一变。我必须重复,美国人不是天生的储蓄者,他们更多的是天生的企业家,每个美国婴儿在摇篮中就想到他未来在企业中的投资,和他将用自己的盈利成立哪些新企业,而德国的婴儿已经在想他的退休金了。

我已经收到了几次年轻人的来信,他们问我应该怎样安排他们的生活。不久前,一位 18 岁的年轻人写信给我说,他最大的目标就是尽快地退休。（对我来说这当然是个大玩笑，由于我 35 岁时就"退了休"，所以在 60 岁时才真正变得活跃，尽管我在我的"退休期"内一直关注着我个人的投资并观察着股市，我最终还是对这种退休的状况感到非常痛苦。）

美国人肯定不是优秀的储蓄者，而且他们肯定不会拼命攒钱，因为他们还是享受者，我本人也不是一个拼命攒钱的人，所以我把金德·拉方汀的关于蟋蟀和蚂蚁的童话做了改写，您大概知道这个童话：童话中的蚂蚁整个夏天都在节省，为的是给自己在冬天做好贮备；而蟋蟀整个夏天都在唱，不想为冬天而节省；当蟋蟀在冬天陷入困境时找到了蚂蚁求救，而蚂蚁拒绝了它。

我的续篇是这样的：冬天过去，春天又来了，蚂蚁从它的窝里爬出来，立即开始为下一个冬天积攒贮备，忽然它看见蟋蟀叼着粗大的雪茄坐在宽敞的劳斯莱斯轿车里开过来，和通常一样高兴地在唱。蚂蚁十分惊讶地问蟋蟀："你从哪儿搞来这部豪车，你现在想做什么？"

"我是怎么搞到的车是我的事，我现在去巴黎。"

"坐你的劳斯莱斯去吗？"

"是的，"蟋蟀说，"坐我的劳斯莱斯去。"

"那么请你帮我做一件事，"蚂蚁谦卑地说，"请你拜访拉方汀先生，把歌德的诗读给他听，并替我问候他。"

美元卷土重来

我自问，为什么公众、经济学者和外汇交易商对美元的升值感到惊奇。毋庸置疑，仅 10 周之内的上升是一个成熟的业绩，但是之前美元汇率低得只能兑换 1.45 马克，也没有人对此苦思冥想，大多数观察家认为美国货币坠入低谷是一种合乎逻辑的自然的发展。为什么？因为他们不动脑筋思考，当然，当美元汇率再一次降低两三芬尼时，它会成为头号新闻，但真正激动的只有美元的拥有者。

正是他们必须知道基本的数据：几年来所有国际商品交易专家都声称，美元汇率根据美元的购买力其实应该在 2.2 马克左右，山姆大叔的货币被大幅度地低估了，根据联邦德国最知名的工业专家的意见，1 美元甚至应该等值于 3 马克，如果在评估时还算上美国企业的盈利的话。

但是最好的理论又有什么用呢？1 美元在今天由于心理和技术的原因只相当于 1.75 马克，没有人能够精确地以另一种货币的尺度计算出一种货币的价值，也没有计算机能做到，因为外汇和股票一样：有谁知道，戴姆勒或 IBM 股票真正值多少钱呢？

有无数种决定外汇牌价的影响因素，所以存在交易所，在这里投资者、投机者和游戏者买入或卖出股票和货币。这就叫投机，美元也在其中。我把外汇投机称作迷宫，更准确地说是疯人院。据英国银行估计，每天大约有 6000 亿～7000 亿美元在全球范围内被交易，最多 5% 的交易是世界贸易所必需的，其他的一切都纯属在 1/10 秒内挣到 1/10 芬尼的游戏，人们怎么能在这种混乱中持中立客观的见解？

这总使我想起那两个躺在电报线下听电报响声的流浪汉。"这是什么？"一个问。"犹太人在交谈。"另一个回答，"我出，我收——我收，我出。"这里指的当然是美元。

当我倾听政治家，甚至在位的部长或发行银行官员的声明时，总是又一次得出结论：他们极少把投机的力量考虑进去，但它能够动摇甚至破坏政府或发行银行的决定。

举个例子：美元跌入 1.45 马克的低谷，这一下跌源于美联储，它几年来一直在对美元施加压力，货币的保护神必须与通货膨胀做斗争，它只有两种武器：低美元和高利息。这比第三种武器——提高税收，在政治上更行不通。如果外汇交易商得知美联储对每一次美元升值都进行干涉，会出现必定出现的局面：外汇交易商以期货方式卖出美元，从而造成附加的汇率压力。

当然也有硬币的另一面，几年来全世界的投机活动形成了一个巨大的美元短期效应，估计总数量 3500 亿美元，其中有纯投机者用期货形式卖出的美元，但日本的出口商也加入到这个紧张的博弈之中，如果"上帝"有朝一日命令所有美元卖空者在最短的时间内平仓，那么一定会发生大混乱。对投机者来说幸运的是，亲爱的"上帝"目前被其他烦恼缠着脱不开身。

当然不排除在遥远的一天，出于某种原因，美元的卖出者会陷入慌乱而平仓，像在20世纪80年代那样，美元汇率快速涨到3.4马克。我不是声称这种情况一定会重现，但是以类似的方式它还会发生一次。

所以，投机者要注意，基本面对美元有支撑，对它的干涉还在继续，会持续多久？我不知道，但有一点是肯定的：针对一种被强烈低估的货币进行干涉，违反了任何一种逻辑，所以美元很有可能会很快加速上涨，特别是当美国的贸易逆差被成功地消除之后，到那时，一位维也纳女士的话就会被尊重，人们问她欣赏美国货币的什么，她干脆地说："一美元总是一美元。"

股票经纪人的过去和现在

当我和股票经纪人在一起，并观察他们的佣金机器是怎样运转时，经常会想到一个过去经纪人的典型代表，他们中的每个人都被唯一的念头引导着：买、卖、卖、买，就是说收取交易佣金。他们也有很大的开销，这些开销必须从佣金中支出，而不是从行情盈利中来！他们虽然提供建议，但是他们的动机不是客观的思考，而是纯为盈利，真正的经纪人自己不投机，这也是对的，因为当客户在事态发展的压力下丧失了耐心时，他可以在任何时候保持他的客观性。

一个小故事讲的是一位过去的经纪人和他对股市交易的态度。第一次世界大战之前，布达佩斯曾经是欧洲最大的粮食交易所，成百万的资金投资在大麦、燕麦、玉米等的期货交易中，订单来自全欧洲，而整个匈牙利也参加了这场游戏。最大的游戏参与者是农民，因为当他们预测收成好时，就用期货卖出相当于自己收成的两倍的粮食；而如果他们预见收成很坏时，就用期货购买除自己的存量之外更多的粮食。

行情不断地摇摆波动，观众的游戏兴趣越来越大，他们整天在大麦、谷子、玉米和燕麦之间做投机交易，李子酱也是一个受欢迎的产品，而当布达佩斯交易所关门时，他们紧张地等待着芝加哥在22：00开市时才可看到的开盘价，这个游戏和天气以及收成预测，即未来的行情发展一样成了人们每天的话题。

莫里茨·考布拉赫来自德国，却是布达佩斯期货交易所上最大、最富有的经纪人之一。虽然他说的匈牙利文错误百出，但他懂得两个最重要的词：买、卖！他尽管富有但还是一个简朴的人，并只为了他的生意和佣金活着。这也足够了，因为订单成批地到来。

当大麦的价格慢慢下跌时,一个客户带着悲伤的表情和沉重的心情来到他的办公室:"考布拉赫先生,我在大麦上的多头交易势头不好,账户已陷入困境,我彻底完了,这是我的金表、我的金烟盒和两万盾现金,这是我所有的一切,虽然我的损失比这些要大,要么您接受这些,要么您不理睬我,交易所不会再见到我了!"

"是的,好人,"考布拉赫眼都不眨地说,"您的多头交意做得过大了,但是不理睬某人不是我的习惯,而且交易所也不会因为您而瞎了,把您的金表收起来,否则您不知道您还有多长时间;还有您的烟盒,否则您还会戒烟从而破坏烟草垄断。您把两万盾给我,事情就算解决了,只是我认为大麦还会继续跌,我不该为您做 10 份卖空合同吗?"

那个人不知该怎么回答,沉默并表示理解。"是呀,"考布拉赫说,"工作必须继续,人们赢赢输输。"而心里想到大笔而来的佣金,尽管有时一个客户无力支付,但重要的是,轮子要继续转,我能得到我的佣金。

这是"昨天的世界",今天的中介人当然早就不像考布拉赫一样大方,他们也根本不能那样,否则早就破产了。另外今天政府部门的规定也太严了,而他们密切关注佣金机制良好运转,他们也只有一个标志:佣金;具有魔力的词是:营业额,因为一天内股票的高成交额就意味着公司的大量佣金。

我自己常常惊讶他们有时多么露骨,我打电话给经纪人询问行情,回答是:"好极了,大成交额,1亿股,显示牌晚了10分钟……"

"指数怎么样?"我问。回答是:"几乎没变。""您把它称作好极了?"我气愤地回答,"1亿股的成交量难道不是好极了吗?""对您来说是,对我则不是,因为我感兴趣的是行情,它是否升了,升了多少,营业额对你们中介人重要,对我们顾客不重要。"

简而言之,机器在运转并被不停地加油以更好地运转,我本来不反对这些,因为股票中介人把成百的储蓄者吸引到资本市场,这对我们的体制有利。顾客越多(不管是大小玩家、投机者或是投资者),市场越流动,而市场越流动,对投资者就更有保证在他需要的时候使投入股票中的钱转成现金。在一个流动的市场上人们可以在几秒钟之内卖出成千只股票,而不造成行情的变化,只有这样股市才能扮演它真正的角色:冻结再解冻企业的储蓄。

每当观察那许多我认识的中介人,看他们如何在电话里孜孜不倦地想鼓励他们的顾客做股票交易时,我总想起考布拉赫的老"哲学":"工作必须继续下去"。

他后来背叛了交易所并因此受到了惩罚,他想当企业家,用他挣来的百万佣金买下了一家大鞋厂,后来破产了,他就这样失去了他的全部财产，在贫困中死于他的故乡德国。

华尔街的庆典

所有股市的运转都越来越像互通管道的理论，任意一个人在任意一个地方按一下按钮，在5000公里之外人们能感受到。

科威特的艾米尔随便做了一个决定，多伦多的金矿股票就开始上涨。

巴黎的一场金融危机就使纽约的英镑债券下跌。

国际事态影响到证券和货币市场、商品交易所和财政部。

其背后总是金钱的冒险，为此什么手段都被用上：主意、发明、秘密消息，对其他人无知或要求舒适的利用。

有时涉及的是一个词、一条法律规定，交易所的花花世界永不停息，它日夜运转不做间隙。

在一个太阳永不落的王国里，交易所实行的是24小时轮班制。

人们可以把股票交易商分成乐观派和悲观派，他们的个性也反映在股市的思维上。当一个乐观派卖出了他的一半股票，而这只股票还在继续上涨时，他会高兴于自己还保留了另一半。而这只股票下跌时，他会高兴于至少已卖出了一半。相反，当悲观派卖出了一半股票而这只股票继续上涨时，他会生气；当这只股票下跌而他保留了一半时，他也会生气。

但尽管他游手好闲，尽管他做的是毫无创造性的工作，但投机者起到了一个至少在资本主义经济体制中相当重要的作用。他通过交易所（虽然他的目的只是投机），把他的资本贡献了出来。

"给投机者他们应得的东西——承认他在自由市场经济中的作用。"我有这样的经验，股票交易商属于一个国际大家庭，一个散布于全世界的共济会。在我的许多以参与或观察世界上几乎所有市场为目的而进行的游戏中，我能认识到这一点。两个股票交易商相遇，他们彼此谈论什么呢？股市的故事，而且这个话题几乎无穷无尽。尽管有多次谈话和争论，我对股市的激情随着岁数变大依然没有冷却；尽管有成功的股票交易，但我的野心还没有得到满足。30 年来，我一直寻找一种股市的工作，它不仅局限于不时地给我的经纪人打电话，给他买卖合同。于是有一天，这导致了一场我不会轻易忘记的失败。

1961～1962 年的冬天，华尔街洋溢着一片真正的喜庆气氛，股票交易商的生活十分美好，对股市的狂热当时在美国达到了高潮，人们不需要太多的理智就可以装满自己的口袋，要做的只是今天买、明天卖，或者明天买、后天卖；如果有幸抓到了一只新的热门股，就已经是中彩了。新股上午以 10 美元的价格上市，到下午就已经值 20 美元或 30 美元了。人们只需认识经理夫人的理发师，就能上幸运者的名单，以在新的发行中得到一份股票。

某一位天才的乐师指挥着这支乐队，在它的音乐中，总有新的有兴趣盈利的公众被拖进魔舞之中。新金融中介人发明的奇妙的衍生品繁荣茂盛。整个经纪人群体全速工作，即10万经纪人投入100%的生产能力，他们中的绝大多数人根本不离开电话，因为一个电话就又能卖出500～1000股新发行的股票，当然所有的证券都是"热门"，至少被足够地加了热，甚至加热过多，以至于顾客因此烫伤了手指。

但是经纪人和金融中介人的数量看来还一直不够，因为他们通过广播和报纸的广告寻找新的员工，有价证券的成交额每天都在涨，每天都破新的纪录，中介公司连夜工作，他们似乎无法阻止顾客的渴求。

但这种过于紧张的气氛也是必要的，因为只有在这种情绪中可以把什么都卖给公众，不管是空气城堡集团还是月亮房地产股票，都一样畅销，这使我想起1929年，那是那场最终以1962年的危机而结束的繁荣。

当时有一家大公司每天都发布广播广告，招募新的员工——直接地说：新的强拉顾客的骗子。该公司用极具吸引力的词句鼓励求职的人们在股市行业寻找其运气，他们将得到30天的培训，然后被派到办公桌前作为新的经纪人来管理顾客的投资。

看呀，我对自己说，这简直是一个为你设计的工作，不是因为我需要它，但它刺激了我的虚荣心，难道我没有积累了大量的金不换的经验？难道我不配在股市知识的课堂上有一席之地？

没做成这些，在我心灵深处留下了一个小的伤疤，受伤害的虚荣心和缺乏官方的认可会唤醒它。

广播广告描述得那么引人入胜，以至于我忽然感觉到我有兴趣给自己做一个测验，虽然我没有得到交易所实习的席位（而只是一张咖啡厅桌子），但是得到了一个简单的职位，终于有人愿意根据我的经验付给我固定的薪水了，另外我还得到了一份存款。在美国，人们会斜眼看待每一个无法证明自己有普通工作的人，而能在华尔街上，在高雅的、贴着丝绒墙纸的办公室工作，被电子仪器、扩音器和不停转动的电传机环绕，那将多么美好啊！对于到目前为止只能在私人公寓或咖啡厅里关注股市发展的人来说，这是一个梦想，我将有权利在我印有华尔街地址和电话的名片上炫耀我公司的名称。

我做出了决定，我准备为这家登广告的公司提供我的所有知识和能力以及我的经验，我以享受的心情设想着那种画面，我将怎样在招聘考试上，在未来的老板们面前表现自己，他们不仅将惊讶于我的理论知识，同时还将听到一整篇关于股市投机哲学的论文。

我连老板中最小的年轻合伙人都没见到，连一个人事管理人员也没能碰上，在前厅里，一位好心的办公室勤杂人员用一张表便打发了我，他连看都没看我一眼，只是要求我填好表，几天后我将得到答案。

表上是关于我的履历和我的能力的老一套的问题，他们好像是为保姆或司机提供职位，我有些担心地交了表。我觉得自己好像被派到了另一个世界，我又一次18岁并找工作，我未来几年的命运不可测。

我不想否认我也害怕过，在这偌大的美国，在没有同情心的华尔街上，在这里，每个人都以他每月能拿多少佣金来被评判，到现在为止我只在电影工业中听说过"制作人"这个词，但是在华尔街，人们管创造佣金的人也叫"制作人"，华尔街会不会接收我呢？办公室勤杂员一声不响地接过我的表格，我迷茫地继续走。

在第五大街的漩涡中我又找到了自信，我已开始做计划，我将怎样开始新的工作。

但这永远只是计划，几天之后来了回音：拒绝！他们很遗憾，由于缺乏经验，暂时不需要我，但这不应让我停止计划，也许他们以后会聘用我，我要再去报名。我猜想，公司想到了我已经积累了许多经验的那一天，这当然是把竞争对手作为牺牲品。

　　我看见读者在暗笑，但是读者没道理，而公司有道理，对它来说，我是否能正确判断经济和金融状况并不重要。我和很少的同龄人拥有股市的经验，我懂得政治、经济和股市事态之间的关系，我对股市趋势的判断有感觉神经，而这对他们又有什么用呢？

　　公司对这一切不感兴趣，他们需要的是懂得怎样把老年妇女从纸牌游戏吸引到交易所来的人（她们坐在交易所的显示牌前能不断地交易并支付佣金）；他们是知道怎样让送牛奶女工、家庭医生和所有熟人都加入买股大潮的人。

　　每天都有新的证券以天价上市，人们必须以必要的进攻性的游说艺术，把它们弄进小储蓄人的抽屉里，越来越多而且越来越快，以便人们能够尽快地声称，对这种或那种证券的需求已大于供应量的 10 倍，已买不到股票了。这类消息的传播刺激了公众的胃口，以至于下一种和下下一种发行证券被更贪婪地吞噬。

　　在这一方面我过去和现在都没有经验，这是事实。公司对我做了正确的评判，而我至今也没有记恨它。如果我想通过在华尔街上工作来维持我的生活，就必须学习其他的方法。在资本主义的壁垒中，我几年经验的结果既无法得到资本家的认可，也不能保证自己有一份寒酸的年薪。

尽管如此，我还是靠股市生活得很好（但这是另外一回事！）——不是多亏了我的工作，而是通过手腕和胆量。不是资本家，而是资本主义给了我挣钱的机会。所以，我要做股市专家之战舰上忠实的士兵，因为他们（不论是做"实干家"，还是做不可缺少的寄生虫）都服务于自由的市场经济。

对我来说，股市和投机是永远不会失去新鲜感的话题，所以我继续在全世界的咖啡厅里做我的关于股市、货币、政治和经济（关于音乐、艺术和女人只是插曲）的讲座。60年来，我在纽约、巴黎、戛纳、罗马、日内瓦、苏黎世、慕尼黑、维也纳都有一个长期席位，甚至在布达佩斯，我早期的讲台只是咖啡桌，但这改变不了我讲座的公正和激情。

结束语

72年来，我和这个股市的花花世界建立了一种真正的恋爱关系，其间也有激烈的争执。人们可以想象，我在股市上都经历了些什么，但也有幸生存下来——成百次的成功和成百次的失败。

我私下对我长年的学生和朋友胡伯特·施蓬格说，要选出这些经历中的一些，即从蛋糕中挑出葡萄干来，我的目标不是上股市常识之课，而是和读者交谈。尽管如此，100%的股市专家也能从这些经历中学到，股市上一切都会发生，像拉·布吕耶所说的那样。

在这 72 年里我能认识到，股市总是在不同剧场上演的、总是起用新的演员的同一出戏，但谁是好的演员，只有后来的人才知道。

我希望我的小故事没令您感到乏味，因为我知道，当我在交易所或在咖啡桌上讲述它们时，我的朋友们都非常有兴趣。

在交易所我失去了我的观众，因为它作为会合地点已不存在了，渐渐地交易所会彻底消失，因为它没有了出席者，一切将被电话通信所取代，将不再有"我出，我买"，因为这出声的词——交易所交易的精华，将被键盘取代。交易所大厅里由不同类型的人组成的大观园是一个沉没了的世界。在伦敦和巴黎的交易所，人们今天只能碰到鬼。这也马上会发生在法兰克福、杜塞尔多夫和世界上所有的其他的交易所里。但我还会出席，不在交易所大厅，却在印刷的纸上讲述关于股市的投机的故事。

我曾经写过：生活从 70 岁开始，在后来的书里我把它改为 75 岁，甚至 80 岁。今天我收回一切——对我们股票交易商来说，生活从 85 岁才开始。

| 译 后 记 |

科斯托拉尼是证券投机界"骨灰级"的大师,他的经历就是财富。本书记录了他认为最有教益和价值的投资经历,也是记录科斯托拉尼投资生涯的一本"传奇传记"。对于想了解证券发展过程的读者来说,通过科斯托拉尼讲述的"投资故事",可以学到很多课本上无法接触的内容。

本书基本是按照主题和时间顺序排列的,将科斯托拉尼一生中重要的投机交易故事串在一起,就像一串熠熠生辉的明珠,读来十分有趣。每一章分为4～8个小节,每一小节都是一个独立的投资故事。我从中提炼出一些精华片段,作为译后的心得与大家分享:

- 我们有时会被一个错误的意念引入歧途,以至于一生都停留在错误中而永远认识不到真相。
- 许多人对股市上发生的事情感到惊讶,因为他们还不认识股市。
- 股市上有用的词是：也许、但愿、可能、会、比一点没有好、尽管、虽然、我想、我认为、但是、大概、这看起来……所有人们想的和说的都是有条件的。
- 当今金融市场的最大危险是，太多的钱掌握在不懂行的人手里。
- 一位兜里只有两分钱的贵族也是乐观者，一位拥有满满一保险柜财富的小人物也是悲观者。
- 当投机者对一个建议说"是"的时候，他是想说"也许"，当他说"也许"的时候，他是想说"不"，而如果他马上说"不"，那么他不是一个真正的投机者。
- 一条古老的股市真理告诉我们：行情不能继续涨时，它必须跌。
- 大多数股市专家还不知道，在多数情况下是行情制造新闻，新闻被传出，而不是新闻制造行情。
- 懂笨蛋语言的股市投机者是智慧的。
- 通常在政治和经济中有害的不是独裁体制，而是独裁者。
- 在经济政治中正确的驾驭无非是对现实的适应。
- 股市是有很多音乐的蒙特卡洛，但人们必须有天线来接收这些音乐并听出其旋律。

- 人不必富有，但是要独立。
- 在股市上常常要闭上眼睛才会看得更清。
- 对投机者来说，对一件事情反复思索而不采取行动，比不假思索地采取行动更有好处。
- 老投机者的最大不幸是：我们积累了经验，但是失去了勇气。
- 如果没有蠢人，股市会怎么样呢？而如果一台超级计算机什么都能知道，股市又会怎样呢？我对这两个问题的回答是："那就不是股市了。"
- 许多人需要钱，不是为了占有，而是为了炫耀。
- 对投机者最大的打击是，尽管他事先预感到一个大的错误，但还是做了，而且这种情况几乎一直发生，因为他受别人的影响。
- 人们不应该用眼睛来关注事态发展，而要用头脑。
- 游戏是一种激情，它造成享受也造成痛苦。一个游戏者的最大享受是：赢；第二大享受是：输。而游戏者最大的兴趣是在赢和输之间的差距。如果没有输，没有差距，也就没有享受。
- 莫里哀曾写道：一个知道得太多的傻瓜比无知者笨两倍。这一认识对股市极其适用。
- 投机者靠股市的 1/5 生活，炒股人靠股市的 4/5 生活。

- 没有一个人拥有全部知识,每个人都只有一半知识。一切取决于他用这一半的知识做些什么。
- 股市上最危险的是意外事件,只有极少的炒股人能保持镇静和客观。一次股市危机的大部分原因不是客观的思考,而是大众的情绪。
- 股市上大众心理的反应像是在剧院里:一个人打哈欠,马上每个人都打;一个人咳嗽,立刻整个大厅都咳嗽。
- 记者和投机者有同样的工作原料:新闻和事件。记者描写它们,投机者在它们身上押注。
- 多头傻瓜更能承受股市下跌的损失,却无法承受股市上涨而他因没有参与而错过的盈利。
- 如果你没有能力形成自己的见解并做出决定,你就不该去股市。
- 一个没有思考、没有证据和动机的股市游戏者和轮盘赌游戏者一样是个赌徒。
- 炒股人的见解永远不是恒定的。同样行情下的同一种证券会被他一会儿做太高一会儿又做太低的评价,但永远不是出于客观的考虑。这经常取决于他是否睡了个好觉,是否突然哪里疼痛或是否紧张,即取决于与股市无关的一些原因。大多数炒股人因此不可能客观。
- 人们在买进时需要有想象力,在卖出时需要理智。

- 经济专家是蒙着眼睛战斗的古罗马斗士。
- 对行情的发展重要的不是今天发生的事，而是明天和后天将发生的。因为今天发生的事已经包含在行情中了。
- 在股市上经常是感觉告诉我们应该做什么，而理智告诉我们应该避免什么。
- 股市上有时候一个模棱两可的建议比一个清楚明确的建议更好。
- 不论是在大的或小的交易所里，游戏者的反应总是一样的，因为小投资者和大投资经理的人性反应是很难区别的。
- 买入时要浪漫，卖出时要现实（在此期间该去睡觉）。
- 谁在股市上过于重视小节，谁就不配做大事。
- 在爆炸之前和危机之后总是一片寂静。其间发生的，只是没有理智的歇斯底里的噪音。
- 关于股市的小道消息，炒股人连他的父亲都不应该相信。
- 股市上人人皆知的东西不会令我坐立不安。
- 90%的股市玩家没有主意，更不用提思想，甚至连赌徒和彩票买主都有主意和动机，股市玩家多数只是随大溜瞎跑。
- 针对疯狂的投机热，最安全的刹车闸就是损失。

- 分析家思考，而股市做决定。
- 股市上人们不必什么都知道，只需什么都理解，而即使人们什么都理解，也不必什么都去做。
- 即使最富激情的股市投机者也可以休息一会儿，观望一段时间。
- 股市上的半个真相就是一个彻头彻尾的谎言。
- 企业管理者、分析师、经济学者和其他专家应离股市远一点，股市对他们来说是一个危险的陷阱，而他们却想用科学的方法接近它。
- 人们永远不要追电车和股票，只要耐心，下一趟一定会来的。
- 股市上两件最难的事是：接受损失和不盈小利，而最难的是有自己的独立见解，做与多数人相反的事。
- 如果股市投机这么容易的话，就没有矿工、伐木工和其他重体力工人了，每个人都是投机者。
- 真正有主见的人是能不用理由就谢绝邀请的人。
- 那些一直顽固乐观的人变成悲观者的那一天，很有可能是行情趋势的一个转折点。当然相反也一样，当天生的悲观者变成乐观者时，人们必须以最快速度退出股市。
- 要想在社会上具有影响的阶层中取得成就，必须表现得十分幼稚，但要十分清醒地思考。

- 股市上，如果一个人在专家的建议下挣了钱是一个成功；没有专家的建议而挣了钱是一个更大的成功；恰恰与专家建议相反行事而挣了钱，是一个巨大的成功。

真正的市场是不会遵循经济学教材里所说的那些大道理和精美的理论模型的。科斯托拉尼认为，经济是无法在课堂上传授的，因为教授本人可能就很脱离经济现实。而股市是这方面极致的表现。我们真正能从大师的经验和经历中学到多少有用的知识呢？也许不必抱太高的、不切实际的期望。但是，这是一个珍贵的思想宝藏，你不应该忽略它。

投资与估值丛书

达摩达兰估值经典全书

新入股市必读

巴菲特20个投资案例复盘

真实案例解读企业估值

非上市企业估值

当代华尔街股票与公司估值方法

CFA考试必考科目之一

CFA考试必考科目之一

华尔街顶级投行的估值方法

资本的游戏

书号	书名	定价	作者
978-7-111-62403-5	货币变局：洞悉国际强势货币交替	69.00	（美）巴里·艾肯格林
978-7-111-39155-5	这次不一样：八百年金融危机史（珍藏版）	59.90	（美）卡门 M. 莱茵哈特 肯尼斯 S. 罗格夫
978-7-111-62630-5	布雷顿森林货币战：美元如何统治世界（典藏版）	69.00	（美）本·斯泰尔
978-7-111-51779-5	金融危机简史：2000年来的投机、狂热与崩溃	49.00	（英）鲍勃·斯瓦卢普
978-7-111-53472-3	货币政治：汇率政策的政治经济学	49.00	（美）杰弗里 A. 弗里登
978-7-111-52984-2	货币放水的尽头：还有什么能拯救停滞的经济	39.00	（英）简世勋
978-7-111-57923-6	欧元危机：共同货币阴影下的欧洲	59.00	（美）约瑟夫 E.斯蒂格利茨
978-7-111-47393-0	巴塞尔之塔：揭秘国际清算银行主导的世界	69.00	（美）亚当·拉伯
978-7-111-53101-2	货币围城	59.00	（美）约翰·莫尔丁 乔纳森·泰珀
978-7-111-49837-7	日美金融战的真相	45.00	（日）久保田勇夫